石門心学と近代

―思想史学からの近接―

森田健司

八千代出版

目次

緒　言

精神と自然の統一は、かつて観念論的思弁によって最高の融和として着想された。それがいまは絶対的物象化に対する絶対的反対物となるように意図されている。しかし、意識の自発的で自律的な総合である精神は、「自然」といういまだ把握されないもの、あらかじめカテゴリー的にくるみ込まれないものと対立する限りにおいてのみ可能である。そして自然も、自分が物象化と反対のものであることを弁えて、物象化をみずからの魔法で自然に変えたりせずにそれを超え出る精神がある限りにおいてのみ、可能なのである。

——テオドール・W・アドルノ著、渡辺祐邦・三原弟平訳『プリズメン』（筑摩書房・一九九六年）、一四六頁。

　江戸時代における思想と聞いて、現代に生きる我々はいかなる雰囲気を持つそれを心の中に思い浮かべようか。忠孝を最重視する禁欲的なもの、自然との共生／共棲を目指す悠揚としたもの、封建的で理性の自由な働きを侵奪されたものなど、それは実に種々様々なものとなろう。もちろん、これには特定の正解などというものはない。一六〇三（慶長八）年に始まり一八六七（慶応三）年に至るまでの二六五年間は、比較的安定した政治状況の下で、人間の精神的営為が極めて活性化した期間であった。その熱量は、情報だけは数多く飛び交う現代に比べても、明らかに高いといえる。繰り返される議論の中で研鑽された江戸思想から、我々が教えられることは数え切れないほど存するのである。もちろんそれは、当時の書物を漫然と読んで、好き勝手な現代的理解を引き出すことではない。

　百花繚乱かつ百家争鳴であった江戸思想の中で、一六八五（貞享二）年に京都で生を受けた思想家・石《いし》田《だ》梅岩《ばいがん》の心学は、今に至っても大変よく知られたものの一つといえよう。例えば、高等学校で使用されている『倫理』の教科書一一種（二〇〇八年度）をみると、その全てに彼の名を確認することができる。もちろん、学校教育の中のみならず、実社会においても梅岩は注目されている。彼の思想は、主に町人たちに向けて説かれたものであり、その中心は商人道と表現できるものであった。このような性格から、現代においても、商業や経営に関わりを持つ人たちの間で、梅岩は関心の的となっているようである。

　梅岩思想の商人道が個性的であったのは、何よりも、長らく社会に根付いていた賤商観を払拭する機能を持つものであったことによる。物を流通させ、販売し、利益を得る商業という活動に関して、理に適った価値付けを成功させたのは、日本においては梅岩が初めてであった。それは、道徳や倫理と密接な関係にある経済思想である点において、スコットランドのアダム・スミスに極めて近似的である。しかも、梅岩の思想は、スミスに先んじて表明されており、これは江戸期日本の先進性を雄弁に語る歴史的事実といえよう。

ただし、梅岩の思想とは、ただ経済に関する合理的な視点を提供し、それと道徳との関連を語ることに尽きないものであった。彼は、人間や社会の根源を探求し、それを神秘的な性理学として展開した。これは、江戸期日本において一大勢力であった、儒学、殊に朱子学からの強い影響を受けて構築されたものであるが、発想自体は老荘思想に基づいている。それのみならず、梅岩の世界認識は、思想的出発点であった神道や、仏教の要素も取り込んだものといえ、他に並ぶものがないほど雑種性に富んだものであった。これが、彼の心学を唯一無二のものとした理由であり、また不本意にも近世という時空に閉じ込めてしまう遠因ともなった。

梅岩の思想は、先に述べた性理学が理由となって、そのままでは現代に持ち込むことができない性質を持っている。しかしながら、彼の主著『都鄙問答《とひもんどう》』は、今でも商業や経営に関する聖典のような扱いを受けることすらある。これは、梅岩の経済思想を、性理学から独立させて語る行為に相当するものであり、大いに問題が存するといわなくてはならない。もちろん、梅岩の思想から、我々を利する智恵を引き出そうという行為自体には、一切文句の付け所がない。しかしその際には、彼の経済思想の下に、独特の存在論が横たわっていることを意識しておく必要がある。これはちょうど、スミスを単純な市場原理主義者とし、彼が経済主体に厳格な道徳性を要求したことを忘れて論難するのに類した行為である。

そして、少しばかり状況を調べてみると、梅岩の思想に関しては、正しく理解されているか否か、という以前の状態にあることが判明する。彼には主著『都鄙問答』と、その後に書かれた『斉家論《せいかろん》』という二冊の著作があるが、二〇一二年現在、共に入手することが難しい。『都鄙問答』は二〇〇七年に岩波文庫版が再版され、少しばかり流通したようであるが、後者に関しては、全集で読むしか方法がなく、しかもその全集もしばらく絶版状態が続いている。これにより推測されるように、梅岩は名前が知られているほどには、著作が読まれていない思想家なのである。梅岩に関心を表明する人のほとんどは、数多く出版されている解説書や、それに依拠した雑誌や新聞の記事を通して、内容に触れたことがある程度と考えた方がよかろう。これらには、梅岩の経済や、その倫理に関する考え方は取り上げられていても、基盤となっている神秘的な性理学についてまで紹介されることは余りない。しかしながら、梅岩の思想、特に『都鄙問答』の議論は、性理に関する認識を抜きにしては、決して成立し得ないものであることは、繰り返し指摘しておかなくてはならないであろう。

加えて、解説書の類においても、取り上げられるのは『都鄙問答』ばかりであることを指摘しておく必要がある。これも少々不可思議な現象であり、なぜならば『斉家論』の方が明らかにわかり易い記述が為されており、しかも近世的限界を突破したと思われる内容を持つ書物であるがゆえ、である。

ところで、江戸期を代表する思想家として、梅岩の名を歴史に刻んだのは、実は彼自身ではなかった。梅岩がいかに画期的な思想家であるか、それを説いて世間に認めさせたのは、彼の弟子たちである。特に、直弟子であった手島堵庵《てしまとあん》によって、梅岩の心学は一気に広がりをみせたのであった。なお、梅岩が生み出した心学は石門心学《せきもんしんがく》と呼ばれるが、この学派の名付け親も、誰あろう堵庵その人であった。堵庵は、町人哲学の範疇に収まっていた梅岩の思想を、あらゆる境遇の人々に向けた道徳哲学として作り変えた張本人なのである。

しかしながら、堵庵に関する現代的評価は概して低く、梅岩同様に高等学校『倫理』の教科書での扱いをみると、何と一一種中二種でしか彼の名は取り上げられていない。さらには、岩波文庫から刊行されていた『手島堵庵心学集』（一九三四年）も、清文堂出版から出ていた『増補　手島堵庵全集』（一九七三年）も、共に長らく絶版となっており、梅岩以上に、直接著作に触れることの困難な状況が続いている。つまり、堵庵について現在流通しているのは、「梅岩の教説を簡易化、卑俗化した」という批評ばかりなのである。

そして、石門心学という学派に関する現況をもう少し調べると、一層落胆させられる事実に突き当たることとなる。堵庵の思想を受け継ぎ、遂に石門心学を武士階級にまで広げることに成功した中沢道二《なかざわどうに》も、その道二と共に学派興隆期を支えた布施松翁《ふせしょうおう》も、後期心学を代表する柴田鳩翁《しばたきゅうおう》に至っても、著作や彼らの言葉が記録された書物が、容易には入手できない状態が継続している。こうした出版に関する事態は、梅岩以外の石門心学者が、総じて低い学問的評価を下された結果でもあろう。単に著作が流通していない梅岩とは異なり、堵庵以下は、名前すら忘れ去られてしまっているのである。

本書は、上記のような状況の中、今一度、石門心学の真の価値を問い直すべく、書き進められたものである。思想は様々な側面から読み込むことが可能であるが、本書が目指すのは、第一に石門心学の現代的可能性とその限界を炙り出すことである。例えば梅岩に関しては、彼の性理学がいかなるものであり、何ゆえ現代に持ち込むのが困難なのか、そのことも深く議論されることとなろう。

それでは、本書の構成と章毎の内容を、簡単に紹介しておきたい。なお、六つの章は、どこからでも読めるよう記述上の工夫を施したつもりであるが、第二章のみは、前に行われた議論の内容を強く受けるものであることから、第一章から続けて読むことを勧めたい。

まず、第一章「石田梅岩『都鄙問答』における経済倫理思想」は、梅岩が主著において語った経済思想の内容を概観し、その先進性を確認しつつ、背後に潜む性理学の性質を考えるものである。この議論に際しては、アダム・スミスの経済思想との比較も行っている。すでに述べたように、この二者には共通する点が多々あり、対照の作業によって、梅岩の思想がより鮮やかに描出されることを期待してのものである。

なお、本章のみならず、本書全体を通して、梅岩のいう心学的な到達目標を「性を知ること」ではなく、「性の知覚」と表記しているのは、それが単に何らかの知識を得ることを意味するものではなく、神秘的存在論を解し、悟りにも似た「発明」を経て初めて至る状態であることから、判断してのものである。日常的に使用される「知ること」では、正しく意味が伝わり辛いことから、現代において哲学や心理学の分野で使われることの多い「知覚」の語を選択した。堵庵のいう心学的到達点に関しては、普通に「本心を知ること」と記しているが、これは彼の教説において、宗教的な要素が意識的に縮減されていることによる。

続く、第二章「石田梅岩『斉家論』における道徳哲学の再検討」では、前章における『都鄙問答』の内容検討の際に取り上げた、「形《カタチ》ニ由《ヨル》ノ心《ココロ》」の問題を頭に留め置きつつ、梅岩第二の著作『斉家論』の内容を再考する。本章においては、『斉家論』の角書《つのがき》にして、梅岩思想の鍵となる「倹約」に関する議論も行われることになろう。これによって、『斉家論』、および梅岩思想の新たな解釈を試みたい。

第三章「石門心学史における手島堵庵の思想的位相」以降は、梅岩から離れ、石門心学を代表する論者たちの思想に関して、考究を続けていく。第一に取り扱われるのは、梅岩の直弟子であった手島堵庵である。現在、彼の思想的評価が極めて低いのはすでに述べた通りであるが、その理由として、「性」を「本心」にいい換え、内容を卑俗化したことが挙げられがちである。しかし、これは正当な批判とできようか。第二章における『斉家論』の読み直しを踏まえて、堵庵思想の再評価を行おうとするのが、本章の内容である。

石門心学を大きく育てた堵庵に師事し、後に道話の完成者と評されるのが、中沢道二という心学者である。彼の思想は、第四章「中沢道二の心学にみる存在論的転回」で検討されている。堵庵以上に顧みられる機会の少ない道二であるが、石門心学史を語る際には、決して忘れてはならない巨人といえよう。彼の教化活動は、町人という階級的境界を本格的に突破することになるのであるが、その際、思想内容にはいかなる変化が起きたのか、これを微細にわたって検討している。

道二の兄弟子に相当する布施松翁については、第五章「布施松翁における『知足安分』の心学と老荘思想」で語られている。時代順でいえば、道二より松翁が先に議論されるべきといえるが、思想内容から考え、逆にして構成した。学派が勢いに乗っていた時期に指導者の役割を期待された松翁は、道二とはまた一味違った姿勢でそれを果たすことになる。松翁も道二同様、道話を得意としたが、そこに込められた精神に、社会哲学的視点から迫るものである。

最後となる第六章「柴田鳩翁の道話と禁欲主義心学」では、学派の勢力が衰退の途を辿る中で奮闘し、多くの支持者を獲得した道話の達人、鳩翁の心学を考える。石門心学は、江戸時代の終焉と共に、学派としての生命を完全に終えるのであるが、それは偶然に学徒数が減ったことからもたらされたものなのか、それとも、思想内容からして必然のものであったのか、検討してみたい。もし思想的限界が存したのであれば、それはいかなる要素によるものといえるのか、この議論を重ねるのが本章である。

最後に、本書中の引用文に関しての簡単な注釈を付しておきたい。可能な限り引用元の表記に忠実であろうとしたが、原則として、原文にある旧漢字は現行の漢字、あるいは現代的表記に改めて引用した。また、いわゆる「おどり字」（反覆符合）に関しては、現在使用されることのない「一つ点」と「くの字点」を外した上で、記載したことを断っておきたい。

幾つかの点において、本書はこれまで石門心学について語られたものとは異質な内容を持つものであるが、考察自体は実に伝統的な方法、すなわち思想史学によっている。石門心学という枠組の中で、師匠から弟子に受け継がれていった様態はもちろん、学派の外、例えば儒学や老荘思想などからの影響についても、可能な限り分析し、把握しようと努めた。新しい歴史的事実を究明したり、資料を掘り起こしたりすることは、本書の使命ではない。新しい解釈を提示することこそが、ここにおいて目指されたものである。

本論の中で最も意識されている点を再度述べるならば、取り上げる思想家／思想書が、近代という視角から眺めていかに映ずるか、ということにもなろう。分量的には決して長からぬ議論ではあるものの、石門心学という豊かな思想的遺産を、現代において適切に活用する方法を探り当てる一助となれば、これに勝る喜びはない。

第一章　石田梅岩『都鄙問答』における経済倫理思想

――その現代的可能性と限界――

このような瞑想を通して、徹底した変化が神秘学徒の中に生じる。彼は現実についてまったく新しい観念をもつようになる。すべての事物の中にこれまでとは違った価値が見出せるようになる。繰り返して強調しておかねばならぬことは、神秘学徒がこの変化によって世間離れした人間になったりはしない、ということである。彼はどんな場合にも日々の仕事を遂行する義務から疎遠になったりはしない。なぜなら自分の為すべき行為、もつべき体験のどんなにわずかな部分といえども、広大無辺なる宇宙の諸事象と関連し合っていることを、彼は今、洞察するようになったのだから。静観の瞬間にこの関連が認識できたとき、彼は新たな、より充実した力をもって、日々の仕事に励むのである。

――ルドルフ・シュタイナー著、高橋巖訳『いかにして超感覚的世界の認識を獲得するか』（筑摩書房・二〇〇一年）、四九頁。

第一節　経済活動と倫理的問題

今の世にあっても、日々報道される経済関連の事象の大部分が、道徳や倫理の問題と背中合わせであることは、多くの人が認めるところであろう。そもそも、古今東西、金銭の絡む経済活動や、その結果としての蓄財は、合理的な根拠を欠いたままに卑賤と捉えられる向きがあった。理性的批判ではなく感覚的拒絶、つまり、金銭に関わることは本質的には美しからぬ、不浄な行いであるとする心性が、そこには存していたといえようか。事例は枚挙に暇がないが、時代が比較的近いものであれば、一九九〇年代前半の日本において、多額の金銭を所持していないことが美しいとする、「清貧」なる語が流行したのも、文化の下層に上記のような心性が息づいていたがゆえに他なるまい[1]。もちろん、思想的に解析すれば、このような心情とは、ニーチェのいう意味でのルサンチマンがもたらしたものではないか、という定型的解答が容易に引き出され得る。持つ者たちへ向けられる、持たざる者たちよりの嫉妬と悵恨。しかし、錯誤とすることはできずとも、それを決定的な正解とは認め難い。このことを精確に考えるためにも、市場原理に基づいた自由経済の有益性を説くアダム・スミスが、『道徳感情論』（一七五九年）を次のように始めていたことを思い起こしたい。

人間がどんなに利己的なものと想定されうるにしても、あきらかにかれの本性のなかには、いくつかの原理があって、それらは、かれに他の人びとの運不運に関心をもたせ、かれらの幸福を、それを見るという快楽のほかにはなにも、かれはそれからひきださないのに、かれにとって必要なものとするのである。[2]

スミスは『道徳感情論』から一七年の後に出版した『諸国民の富』(一七七六年)において、個々人による利益の追求が、最終的には国富の増大に繋がる市場システムを描出したが、その利己心の主人である人間とは、同感を心の内に保持する存在と規定されていた。同感とは、上に引いた箇所でいえば、「他の人びとの運不運に関心」を持たせる性向の意である。自己の快楽を最大化することのみに集中し、他者の置かれた状況と、そこから生まれる感情に興味を示さない存在は、少なくともスミスの描く人間ではない。彼の道徳論において、中心に位置する概念である適宜性が、この同感を基礎として築き上げられていることは、いうまでもない。

主要当事者の本来の諸情念が、観察者の同感的諸情動と完全に協和しているばあいは、それらの情念は必然的に、この観察者にとって、正当、適当であり、情念の対象に適合したものと思われるのである。そして、反対に、事情をかれ自身のものとして考えたばあいに、それらの情念がかれが感じるところと一致しないことをかれが見出すならば、それらはかれにとっては必然的に、不当不適当であり、それらをかきたてた諸原因に適合しないものと思われるのである。したがって、他人の諸情念を、その諸情念の対象にとって適合的なものとして是認することは、われわれがそれらに完全に同感するとのべるのと、おなじであり、そして、それらをそういうものとして是認しないことは、われわれはそれらに完全に同感しないと、のべるのとおなじである。[3]

対象と利害関係を持たない観察者が、正当であり、適当であると捉え得る情念は、適宜性を保持しており、このような特定の情念に対する適宜性の是認とは、自身の内に同感なる性向を持つことの表明に他ならない。換言すれば、人間は常に他者の情動に関心を持ち、また自身の情動が他者によって関心を持たれていると意識しながら、行動する存在であるとすることができよう。人間にとっての喜怒哀楽は、奔放に発生し表現されるものではなく、他者から眺めて適切であると思われる形式や程度に律せられるのである。これもまた、人間が社会的動物であることの、一つの証左となろう。

スミスの想定する主体とは、適宜性を得たそれであり、このことを解せば、スミスのいう市場競争とは、弱肉強食の野蛮なゲームではなく、フェア・プレーの精神に則った紳士的なそれであるといえる。それと同時に、市場というシステムの有効性は、道徳的な主体を前提として初めて成立すると考えられていたことを知らなくてはならない。そしてここで気付くべきは、スミスの思想の中では、経済活動、商行為に対する偏見が、疑いなく拭い取られていることである。経済活動とは社会性を帯びた道徳的主体に担われ、かつ、世の富を増大するものであるとすれば、これを合理的に批判するのは容易なことではない。仮に、新たな理路の開発をせず、なおも批判の方法を探るとすれば、それは冒頭に挙げたような感覚的拒絶しかあり得ないであろう。

日本に目を移すならば、経済活動に対し、明確にして絶対的な価値の創出を図った第一人者として、石田梅岩《いしだばいがん》（一六八五〜一七四四年／貞享二〜延享元年）の名を挙げることに異議は呈されまい。梅岩の思想は、経済活動を担う諸個人の道徳や倫理を議論し、かつ商行為の社会的意義を説く点において、スミスのそれに極めて近い機能を持つものであった。テッサ・モーリス＝スズキによる次の指摘の通り、梅岩は古典派経済学と似通った議論を行った、最初の日本人といえよう。

今日からすれば、もっと重要な点は、たぶん、商人階級の利潤追求活動を梅岩が正当化しようとしたその論理を究明することであるはずである。この論理は、ヨーロッパの古典派経済学者の著作によく見られる啓蒙的な私益の概念と、ある種の興味深い相似形を示している。[4]

もちろん、梅岩の思想は、スミスを筆頭とする古典派経済学の思想と同一であったという訳ではない。そして、議論の方向性が大変似ていたとしても、その目的とするところが同じであったかどうかは、また別箇に議論しなければならない話である。社会的背景を思い起こしても、同じ一八世紀とはいえ、スコットランドと日本では、共通点以上に相違点の方が多かったことが想像できよう。よって、梅岩がいかにして経済活動への偏見を払拭し、新たな価値規準を創出したかを知るには、当時の社会状況と日本の思想史を理解しておく必要がある。本章においては、このことを頭に留めつつ、代表的著作である『都鄙問答《とひもんどう》』（一七三九年／元文四年刊）を読み、彼の思想を考えてみたい。その中で、経済活動に対する偏見、感覚的拒絶が生まれた理由に関しても探究を行うが、これは梅岩の経済および社会思想を知る上で、必要不可欠な要素を炙り出す作業となろう。

第二節　梅岩の生涯と『都鄙問答』の成立

実際に『都鄙問答』の記述に触れる前に、石門心学の始祖である石田梅岩（通称・勘平《かんぺい》）の人生と、それを取り巻いていた社会の状況を概観しておきたい。

梅岩の生家は、丹波国桑田郡東懸村（現在の亀岡市東別院町）の一農家であり、父・権右衛門、母・たねの下、彼は次男として生を受けた。石田家の遠い先祖は戦国時代の武士であった石田為方といわれるが、少なくとも梅岩が生まれた頃には、彼の家は平凡な農家であって、物質的にも精神的にも武家の名残が存していたという記録はない。なお、彼が生まれた一六八五（貞享二）年は、第五代将軍・徳川綱吉の時代であり、彼が悪名高い「生類憐みの令」を発布した、まさにその年に当たる。

幼少の頃の梅岩に関しては、彼の死後に刊行された『石田先生語録』に、彼自身が語った次のような言葉が記録されている。


我幼年ノ時分ヨリ生レツイテ理屈者ニテ、友達ニモキラハレ只イヂノ悪イコト多シ。十四、五ノ頃フト心付有テ、是ヲ哀シク思ヨリ、三十歳ノ比ハ有増ニナヲリタリト思ヘドモ、言葉ノ端ニ見侍シガ、是モ四十歳ノ比ニハ梅ノ黒焼ノ少シ酢メガ有ルヤウニ覚ヘ侍ベリ。[5]

相当に理屈好きで偏屈だった梅岩少年だが、一一歳で京都の呉服屋で丁稚となった後、奉公先の商売が傾くまでの五年間、懸命に労働に打ち込んだのであった。彼の回想によれば、この間に他者と協調することの大切さに気付いたこととなる。その後、東懸村に戻り、農業に従事した後、二三歳のときに再び京都の呉服商・黒柳家に丁稚として仕える。黒柳家で手代、番頭と出世していく中、梅岩は僅かな時間を見付けては、市中で開かれていた諸家の講義を聴き歩き、また書を頼りに自学自習に勤しんだと伝えられる。理屈好きだった彼の性格が、学問への意欲を生み出したことが解されよう。

梅岩が自身の師として選んだのは、小栗了雲《おぐりりょううん》（一六六八～一七二九年／寛文八～享保一四年）で、儒学と仏教双方に通じていた了雲の教説は、梅岩に大きな影響を及ぼしたとされている。四三歳で奉公先を辞し、学問に専念する環境を得た梅岩は、それから二年後の一七二九（享保一四）年、京都車屋町通御池上ルにおいて、「席銭入不申候」と掲げ講席を開く。この年を、石門心学成立の年とするのが常である。[6]
梅岩の主著『都鄙問答』は、無料の講義とは別に開かれた月次《つきなみ》の会《え》において為された、彼と門弟との討論の成果が記されたものである。全四巻で構成されたこの書が刊行された一七三九（元文四）年には、将軍は第八代の徳川吉宗（一六八四〜一七五一年／貞享元〜宝暦元年）に変わっていた。享保の改革で名高い彼の治世に、経済と商業に関する哲学的考究の書が著されたことには、時代的な必然性を感ぜずにいられない。ただし、『都鄙問答』の内容は、経済思想のみに尽きるものではなく、学問論や人生哲学、存在論など、多岐に亘ったものである。しかし、幅広い内容にあえて中心線を引くならば、それは「町人哲学」となろう。当時、強い勢力を保持していた儒学の諸派とは、全くもって異質な志向を持った書である。竹中靖一は、この『都鄙問答』の成立とその時代背景について、次のように整理する。

元禄、享保のころ、およそ七十年間は、一言にしていえば、封建体制が成熟した時期であるが、同時に、他方では、このころ、商業社会の成立を思わせる現象があらわれている。そして、町人の側からみれば、元禄期に勃興の頂点にたったが、享保期に入れば、幕藩体制の重圧をうけ、大局的には商業社会の実力をもって、ぎりぎりの防衛はできたけれども、はげしい試練をうけねばならなかった。このような時期に、石田梅岩の町人哲学が成立し、石門心学が発足したことは、はなはだ意義深いものがある。[7]

梅岩の思想は独自性に溢れたものであるが、それは先にも述べた通り、時代的な要請に応える形で成立したもの、という側面もある。階級的に優遇されず、かつ時代状況にも翻弄された町人たちが、自己の存立基盤を探求する中で生まれた、あるいは辿り着いたのが、梅岩の思想であったと表現することも可能であろう。例えば、『都鄙問答』の「巻の一」に収録された「商人ノ道ヲ問ノ段」は、ある商人による次のような質問から開始されている。

売買ハ常ニ我身ノ所作トシナガラ、商人ノ道ニカナフ所ノ意味何トモ心得ガタシ。如何ナル所ヲ主トシテ、売買渡世ヲ致シ然ベク候ヤ。[8]

当該の段を初めとして、同書においては梅岩流の商人道が次々と開示されていくが、それはひとえに、商売を生業としていた者のみに向けられたものではない。当然ながら、武士であろうと農民であろうと、少なくとも江戸中期以降の人間にとって、貨幣経済は無縁のものではなかった。金銭の遣り取りや、物品の売買が数限りなく繰り返される日常の中、無意識的にであれ、人々が待望していたのは、寄る辺となる強靭な経済思想である。梅岩が『都鄙問答』において提供しようとしたのは、第一にこれであった。

そして、それは宗教的と形容できる存在論の次元から立ち上げられている点において、人間を内面から支える力を内包していたのである。

> 心学運動の社会的関わりを理解するには、われわれは、宗教的および倫理的局面の両方を強調しなければならない。われわれが、一方を実際理解しようとすると、他が必要となるのである。われわれが、もし、梅巖《（ママ）》の神秘主義にのみ目を向けるなら、この神秘主義が内包している倫理的命令を観察するときに明らかとなる、社会行為との大きな関連を見逃すことになろう。もし、倫理的教えにのみ目を向けるなら、これは興味のある訓戒であるが、しかし、宗教的教えによって生ずるこれらの訓戒を遂行する強力な動機をほとんど理解しない、ということができる。[9]

倫理的局面とは、日々の生活において実行すべき規範、例えば「忠誠」や「正直」、「倹約」といったもの、宗教的局面とは、それらの題目の根拠となる超越的理由に相当するものと考えれば、上記引用部分でR・N・ベラーが述べたい内容が理解できよう。まさしく、実存的疑問にも答え得る、道徳論である。梅岩の経済思想は、経済活動の規範を大上段に振りかざしたものではなく、それらを諸個人に対し、主体的に遂行させるものであった点において、画期的という他ない。ベラーが石門心学とプロテスタンティズムに類似性を発見したのは、この理由に基づくのである。

第三節　『都鄙問答』の経済思想

梅岩を巡る現況を見渡すと、彼の思想は、経営学、より厳密にはＣＳＲ（Corporate Social Responsibility）の観点から、新たなる可能性の掘り起こしが活発化しているように思われる。[10] これは理由のないことではなく、経済活動における営利追求以上の価値、すなわち「商人ノ道ニカナフ所ノ意味」を、梅岩が探求し続けたがためであろう。本節ではまず、梅岩の商人道、そしてそれを超え出る経済思想を概観し、その基盤に隠された存在論に迫る準備としたい。

これまでに繰り返し語られているように、梅岩の商人道は、商人という存在を当時の指導者階級たる武士との比較から定義付けた点において、極めて先進的かつ、特徴的であるといえよう。

売利ヲ得ルハ商人ノ道ナリ。元銀ニ売ヲ道トイフコトヲ聞ズ。売利ヲ欲ト云テ道ニアラズトイハバ、先孔子ノ子貢ヲ何トテ御弟子ニハナサレ候ヤ。子貢ハ孔子ノ道ヲ以テ売買ノ上ニ用ヒラレタリ。子貢モ売買ノ利無クハ富ルコト有ルベカラズ。商人ノ買利ハ士ノ禄ニ同ジ。買利ナクハ士ノ禄無シテ事ガ如シ。[11]

ここでは、孔子の弟子であった子貢を取り上げて、次のように述べている。商才に長けていた子貢を弟子に取ったことから考えて、孔子も、売買によって得られる利益は「欲」に基づくものではなく、「道」と捉えているに相違ない。商人が得る利益は、武士の俸禄と質的には同じものであって、利益を得ない商人は、いうならば俸禄を受けない武士のようなものである。

この商人道に関する議論には、注目すべき箇所が幾つかある。まずは、商人と武士を並列して語ることから理解できるように、本質的には、階級によって優劣の差はないということである。これは、後の性理に関する議論とも密接に絡んでくる議論であるが、梅岩は四民の本質的な平等を強く主張する者であった。

士農工商ハ天下ノ治ル相トナル。四民カケテハ助ケ無カルベシ。四民ヲ治メ玉フハ君ノ職ナリ。君ヲ相ルハ四民ノ職分ナリ。士ハ元来位アル臣ナリ。農人ハ草莽ノ臣ナリ。商工ハ市井ノ臣ナリ。臣トシテ君ヲ相ルハ臣ノ道ナリ。商人ノ売買スルハ天下ノ相ナリ。細工人ニ作料ヲ給ルハ工ノ禄ナリ。農人ニ作間ヲ下サルルコトハ是モ士ノ禄ニ同ジ。天下万民産業ナクシテ何ヲ以テ立ツベキヤ。商人ノ買利モ天下御免シノ禄ナリ。[12]

世の中には売買で利を得ることを欲心の為せる業といい、商人という存在を憎む者もいるが、それは決して正当なことではない。本章の冒頭においても記した通り、金銭の絡む経済活動自体を不浄なものと捉える感覚は、汎時代的に存する。これは、梅岩のいう欲心、すなわち私欲を過剰に表出する行為への忌避からもたらされるものと考えるべきであろう。当然、経済活動が持つ者と持たざる者を作り出し、後者がルサンチマンを発する可能性は大いにある。しかし、これをもって、経済活動全般に対する不浄の感覚を生む第一要因とするのは難しい。スミスは『道徳感情論』で、適宜性の獲得と保持を経済人の条件としたが、この観点から考えれば、否定的に受け止められる行為とは、同感不能なものであると表現できよう。同感不能な行為とは、過剰な私性が表出されたそれであり、他者の損得を度外視し、自らの利益のみを追い求める類のものである。私の肥大化は公の弱体化に繋がり、それは社会秩序の崩壊を招くこととなろう。私の利益のみの追求が、社会的な均衡を崩すことは、万人が首肯するところに違いない。しかし、「正直」かつ誠実な商行為が、広く批判を受けることは考えにくく、これは経済活動の不浄性に関する判断が、私性の表出具合によることの証左となるように思われる。

梅岩は「商人ノ買利ハ士ノ禄ニ同ジ」といい、商業とは、上で述べたように私欲の上に成り立つべきものではないと強調するが、それでは、その心得はいかにあるべきであろうか。『都鄙問答』には、売買の原理と商人の基本姿勢について、次のように説かれている。

商人ノ其始ヲ云バ古ハ、其余リアルモノヲ以テソノ不足モノニ易テ、互ニ通用スルヲ以テ本トスルトカヤ。商人ハ勘定委シクシテ、今日ノ渡世ヲ致ス者ナレバ、一銭軽シト云ベキニ非ズ。是ヲ重テ富ヲナスハ商人ノ道ナリ。富ノ主ハ天下ノ人々ナリ。主ノ心モ我ガ心ト同キユヘニ我一銭ヲ惜ム心ヲ推テ、売物ニ念ヲ入レ、少シモ粗相ニセズシテ売渡サバ、買人ノ心モ初ハ金銀惜シト思ヘドモ、代物ノ能ヲ以テ、ソノ惜ム心自ラ止ムベシ。惜ム心ヲ止、善ニ化スルノ外アランヤ。且天下ノ財宝ヲ通用シテ、万民ノ心ヲヤスムルナレバ、天地四時流行シ、万物育ハルルト同ク相合ン。如此シテ富山ノ如クニ至ルトモ、欲心トイフベカラズ[13]。

商人というものは、余りある物と足りない物の交換の連鎖、すなわち流通を一手に担う者であり、存在の本源的理由は、疑いなくそこにこそある。また、流通を担う商人は、金銭の計算に関して厳密であらねばならず、決して一銭も無駄にしてはならない。この「倹約」は、私欲に発するものではなく、世の人々のためである。

欲心ナクシテ一銭ノ費ヲ惜ミ、青戸左衛門ガ五拾銭ヲ散シテ十銭ヲ天下ノ為ニ惜マレシ心ヲ味フベシ。如此ナラバ天下公ノ倹約ニモカナヒ、天命ニ合フテ福ヲ得ベシ。福ヲ得テ万民ノ心ヲ安ンズルナレバ、天下ノ百姓トイフモノニテ、常ニ天下太平ヲ祈ルニ同ジ[14]。

青戸左衛門の件は、鎌倉時代の故事である。ある夜、青戸の家来が川に一〇文を落とし、暗くて見えないためにそのまま帰ったが、それを聞いた青戸は五〇文を費やし松明《たいまつ》を焚き、一〇文を探し当てさせた。一〇文のために五〇文を費やすというのは、普通に考えるならばとても合理的とはいえないが、青戸はもし川に落とした一〇文の探索をせずにいるならば、天下からその一〇文が失われてしまうがゆえに、自身の損失を度外視してこの行動に出た、と説明したといわれる。この行為を、梅岩は評価するのである。商行為は、私欲を満たすためではなく、何より天下公のためでなくてはならない。梅岩が、商人を「天下ノ百姓」と表現するのは、これによる。

「倹約」に努め、勘定に厳しい姿勢は、より良き商品の流通に繋がるはずであり、最終的には世の中全てを豊かにすることになろう。「天下ノ百姓」として相応しい働きをした商人が、この過程において、自らの元に巨大な富を蓄えようとも、そこには何の問題も存しない。つまり、公の利を常に考え、日々誠実に働いた者が、結果として大きな財産を築こうとも、それは全くもって正当なものと考えて構わないという訳である。

川口浩は、梅岩のいう「倹約」に関して次のように整理している。

梅岩学の「倹約」とは、第一には、吝嗇と区別されたところの節約であると言ってよいであろう。しかし、その節約はそれ自体で完結するものではなく、その節約に続いて、節約の結果蓄積された資源を、ある何らかの実現されるべき最終目的のために配分し、利用するという過程が存在していることを銘記しなければならない。そして、実はこの過程こそが「倹約」の経済上のより積極的な意味である。[15]

ここでいわれている吝嗇《りんしょく》は、まさしく私欲のための節約であろう。それに対して、梅岩の主張しているのは「倹約」であり、これは私利ではなく、広く天下の人々のための節約であり、結果的に全体的な、いうなれば国富の増大に繋がるものといえる。この論理展開は、『諸国民の富』におけるスミスのそれと、大変似通っているように感じられる。なお、商品の市場価格についても、梅岩は次のような優れた見解を示している。

売物ハ時ノ相場ニヨリ、百目ニ買タル物九十目ナラデハ売ザルコトアリ。是ニテハ元銀ニ損アリ。因テ百目ノ物百二三十目ニモ売コトモアリ。相場ノ高時ハ強気ニナリ、下ル時ハ弱気ニナル。是ハ天ノナス所商人ノ私ニアラズ。天下ノ御定ノ物ノ外ハ時々ニクルヒアリ。狂アルハ常ナリ。[16]

スミスと梅岩の経済思想には共通する点が多いが、主体に要求する道徳に関しては、梅岩の方がより厳しく、強いものであると思われる。彼は、経済活動の出発点に決して私利を認めず、終着点も「天下太平」であるとするのである。梅岩も、上記のように「天ノナス所」、すなわち市場の調整機能や、それによる利益の獲得は認めるが、個人の心的姿勢として、常に公共の福利を意識することを要求する点で、適宜性や同感を語るスミス以上に、禁欲的な姿勢を感じさせるものといえよう。

しかし、天下が広く潤うように行為するとは、具体的にはどのような心掛けを必要とするのであろうか。梅岩は、儒学より受け継いだ「仁」、あるいは仁愛という概念を用い、それを説こうとしている。

我身ヲ養ルルウリ先ヲ粗末ニセズシテ真実ニスレバ、十ガ八ツハ、売先ノ心ニ合者ナリ。売先ノ心ニ合ヤウニ商売ニ精ヲ入勤ナバ、渡世ニ何ゾ案ズルコトノ有べキ。且第一ニ倹約ヲ守リ、是マデ一貫目ノ入用ヲ七百目ニテ賄。是迄一貫目有リシ利ヲ九百目アルヨウニスベシ。売高十貫目ノ内ニテ利銀百目減少シ、九百目取ント思ヘバ、売物ガ高直ナリト尤ラル、気遣ナシ。無ユヘニ心易シ。且前ニ云尺違ノ二重ノ利ヲ取ラズ。染物屋ノ染違ニ無理セズ。倒タル人トウナヅキ合テ礼銀ヲ受ケ、負方中間ノ取口ヲ盗マズ、算用極メノ外ニ無理ヲセズ。奢リヲ止メ、道具好ヲセズ、遊興ヲ止メ普請好ヲセズ。斯ノゴトキ類悉慎止ル時ハ、一貫目設ル所ヘ九百目ノ利ヲ得テモ、家ハ心易ク持ルル者也。[17]

商行為における「仁」は、まずは取引相手に対して「正直」かつ誠実に対応することから始まる。商売相手のことを気遣い、しかも「倹約」を旨とするならば、取引一回当たりの利潤が多少減ろうとも、全体的にみれば、自身の商売は極めて順調であり続けよう。このような「道」を、日々忘れず実践する者こそ、「天下ノ百姓」と呼ばれるに相応しい理想の商人なのである。

「仁」に関する、梅岩の解し易い説明は、『石田先生語録』の巻四「仁ヲ行フ本」にも記録されている。

我ガ儒教ニハ仁ヲ以テ万物ヲ愛ス。依去無益ノ物ヲ殺スコトヲコレ戒ム。我レモ亦タ無益ノ物ヲ殺スコトヲ哀シク思ヒ、二十年以来或ハ浴、洗足ナド致シヌレバ凡テ土ノ中ヤ溝川ナドニ地虫抔居コトヲ思ヒ、浴、洗足ノ湯ナドニ水ヲマゼ虫ノ痛死ザルホドニ致シ流スナリ。又自炊ノ間モ物ノイデ湯ヲハシリヘ流シナドシテ一切ニ虫ノ死スルヤウナコトヲ是レヲ哀シム。此ノ一事ハ無益ノ殺生ト思フユヘニ有増シニ十ガ七ツハ行ヒ得タリト思フ。[18]

ここでは梅岩が日々心掛けていること、すなわち、湯浴みなどの後にその湯をそのまま地に捨てることなく、水を混ぜて温度を下げ、地に住む虫たちが苦しみ、死ぬことを避けるようにしていることが語られているが、これは当然、単に湯の捨て方に関する説教ではない。自身の行動は、全て他者に影響を与えるものであり、その影響が良からぬものであると予想できる場合は、それを避けるか、その程度を下げるための努力が必要となるということを、彼は説いているのである。「仁」とはつまり、他者への影響を常に考えながら、行動を律する態度ということもできる。これは、スミスのいう同感にも通ずる考え方であることは、もはや指摘するまでもない。

梅岩の経済思想の中核は、商人道である。しかし、上にみた通り、それは商人階級にのみ向けられたものではなく、むしろ全ての階級に属する人々に投げ掛けられたものであると考えてよい。当時、工商と呼ばれた町人は決して良い立場ではなく、特に四民の最後に置かれた商人は、道徳の上でも低くみられることが多々あった。それは、『都鄙問答』の中にも記録されている通り、屏風のように心が曲がらなければ自立できない、清廉とは掛け離れた存在として、商人という存在が捉えられていたことによる。しかし、商業、ひいては経済活動全般それ自体に、恥ずべき性質が内在している所以はない。もし、商人に問題があるとすれば、商行為ではなく、それを行う主体に不浄なところがあると捉えるべきであろう。だが、この認識は、当時の知識層たる儒者の慧眼をもってしても、決して常識的なことではなかった。

商行為の正当性を説くことは、ゆえに偏見に左右されない、理性的な世界認識を提示することにも直結する。それはまた、経済の活動主体となる全ての人々に対し、行動の規範を説くこととなろう。自らの経済活動が何に支えられ、またいかなる効果を及ぼすものかを知ることは、行為を選択し、また律する際の、最大の判断材料となり得るからである。梅岩の思想が、倫理思想と捉えられることの多い第一の理由は、ここにこそ存するといえる。

第四節　『都鄙問答』における性理学

梅岩の創始した学問、そしてその学派は石門心学と呼ばれるが、それは全ての徳目の基盤として、心的な修養が要請されていることに起因している。つまり、これまでにみた経済思想は、それのみで独立するものではなく、心学とそれを説明する存在論を抜きにしては語れないものといってよい。源了圓は、梅岩の心学について次のように明解に整理している。

彼の学問観―「性」を知り、「心」を知ることから出発し、それが「天」を知ることにつながり、私心や私欲を離れた「心」の状態へと純化され、そして道徳的実践につながるという彼の学問観は、実学思想の歴史では「人間的真実追求の実学」「道徳的実践の実学」のタイプに属する。徂徠学の出現以来、江戸後期においては、このタイプの実学は実学的思考の主流ではなくなったけれども、梅岩は敢て「人間的真実追求の実学」「道徳的実践の実学」こそ「実ノ学問」という考えをうち出したのである。[19]

梅岩は、心学の最も肝要な作業として、「性の知覚」を挙げる。石門心学は、神仏儒、老荘思想などが融合した中に姿を現したものと考えられるが、この「性」という用語に関しては、疑いなく儒学書より借用したものである。当時の日本儒学の世界において、朱子学が隆盛を極めていたことは言をまたないところであるが、その修養方法の核心は、格物窮理、あるいは格物致知という語で指し示されるものであり、これによって「理」たる「性」を体得することを目標としていた。梅岩が「性」という語を用いるとき、そこにはこの朱子学的な意味が含まれていると捉えてよかろう。つまり、漫然と日々を暮らす人間の「心」ではなく、何らかの修養によって至るそれをもって、「性」と考えている。加えて、この「性」を知るならば、「天」をも知ることとなり、「天ノ心ハ人ナリ。人ノ心ハ天ナリ」[20]なる、天人合一の状態に至る。これが、梅岩の説く心学の骨子である。

『都鄙問答』においては、この「性の知覚」に関して次のように述べられている。

孟子ノ性善トノ玉フハ、心ヲ尽シテ性ヲ知リ、性ヲ知ル時ハ天ヲ知ル。天ヲ知ルヲ学問ノ初メトス。天ヲ知レバ事理自明白ナリ。此ヲ以テ私ナク公ニシテ、日月ノ普照シ玉フガゴトシ。[21]

天人合一による効果としては、「私ナク公ニ」なること、つまり私を滅して自らの感覚を公と一体化することが挙げられる。経済活動における道徳を思い起こせば、このことの意義は即座に解されることであろう。公の福利を何より優先せよとする梅岩の思想においては、当然ながら公の福利がいかなるものであるか、そしてそれがいかにして達成され得るか、知る必要があるためである。

それでは、「性の知覚」なる状態に至るには、具体的にはいかなる方法を採ればよいのであろうか。『都鄙問答』には、「性」や天人合一の話が漠然としていて面白味がない、との質問者の発言があり、それに続けて梅岩は次のような回答を発している。

徒然草ニ伝聞学ンデ知ルハ真ノ知ニアラズト云。今汝如斯キコヘタルヤウニ思ハルルトモ、未実知ニアラズ。是ヲ以テ味ナシ。性ヲ知リタシト修行スル者ハ得ザル所ヲ苦ミ、是ハイカニコレハ如何ニト、日夜朝暮ニ困ウチニ忽然トシテ開タル、其時ノ嬉サヲ喩テイハバ、死タル親ノ蘇生、再ビ来リ玉フトモ其楽ニモ劣マジ[22]。

この箇所を検討するだけでも、梅岩のいう「性の知覚」とは、神秘的な性格のものであることが判明する。「性」とは、修養を続ける中で、突如感得されるものであり、それを知ることによってもたらされる天人合一の感覚は、実際に経験した者にしか理解できないものであるというのである。これに類するものとしては、プラトン哲学におけるイデアや、仏教における悟りなどが想起できよう。このことは、「性の知覚」というものが、定型的な教育などによって、人から人に必ず伝わるものではないことも意味している。

「性の知覚」に至る方法論が特段定まっていないのであれば、修養の在り様は各人任せで構わないのであろうか。これを考える際に、彼が提示したのが「形《カタチ》ニ由《ヨル》ノ心《ココロ》」なる存在に関する認識である。定型的なものとはいえないが、これによって、「性」を知るに至る道が存することは示し得るように思われる。また、梅岩の心学と経済倫理の間を架橋するものも、明確となろう。

元来形アル者ハ形ヲ直ニ心トモ可知。譬夜寝入タルトキ、寝掻シ、ヲボヘズ形ヲ相ク。是形直ニ心ナル所ナリ。又孑々水中ニ有テハ人ヲ不刺。コレ形ニ由ノ心ナリ。鳥類畜類ノ上ニモ心ヲツケテ見ヨ。蛙ハ自然ニ蛇ヲ恐ル。親蛙ガ子蛙ニ蛇ハ汝ヲトリ食フ、畏キモノゾト教へ、蛙子モ学ビ習テ、段々ニ伝へ来リシ者ナランヤ。蛙ノ形ニ生レバ蛇ヲ恐ルルハ形ガ直ニ心ナル所ナリ。其外近ク見ント思ハバ、蚤ハ夏ニ至レバスベテ人ノ身ニ従テ出ルモノナリ。是モ蚤ノ親ガ人ヲ食フテ渡世ヲセヨト教ンヤ。人ノ手ノユク時ハ心得テ早ク飛べシ、トバズバ命ヲトラルルト教ンヤ。飛ニグルハ此不習シテ皆形ニヨツテ為所ナリ。[23]

「心」が「形」に起因するとは、一体何を意味するのか。梅岩は人間以外の生き物を例に挙げ、それらが自身の「形」、例えばボウフラや蛙といった外形に即して行動することを説明する。行動は、いうまでもなく自身の内的欲求に基づくものであるが、それは親の代から教え込まれたことでは決してない。それにも拘らず、同じ「形」をした生き物は、同じ行動をする。上に引いた「形《カタチ》ガ直《ヂキ》ニ心《ココロ》」、あるいは

「形ニ由ノ心」とは、このように「形」が「心」を規定していることを意味する。もちろん、今の科学的知見からいえば、虫などの行動パターンは、何より本能によって規定されているのだから、「形」に依拠するというのは大袈裟ではないか、との反論が出てくる可能性がある。しかし、おそらく梅岩が今に生きていれば、その本能すらも「形」の中に含めて説明するに違いない。

いうまでもないが、「形ニ由ノ心」は、動物ではなく、最終的には我々人間の態度に関して指針を与えるものとして説かれている。では、「形ニ由ノ心」が正しい洞察であるとするならば、我々はいかにあればよいのか。これは、人間にとっての形とは何を指すものなのか、その判断に依存する。梅岩がそれをどう捉えたかは、これまでの考察から推し量ることができよう。

形ヲ践ムトハ、五倫ノ道ヲ明カニ行ヲ云。形ヲ践デ行フコト、不能小人ナリ。畜類鳥類ハ私心ナシ。反テ形ヲ践。皆自然ノ理ナリ。聖人ハ是ヲ知リ玉フ。24

私欲を取り払い、五倫の「道」、すなわち「父子の親・君臣の義・夫婦の別・長幼の序・朋友の信」の徳目を正しく守ることこそが、自身の「形」に従った行いであると、梅岩はいうのである。そして、五倫の「道」の実践とは、自身の今ある立場を所与のものとして受容することも意味する。ここで梅岩が最も強調したいのは、自身の立場の中でも、職分という要素に他ならない。士農工商という職分も、天命であると彼は力説する。[25]よって、「形ニ由ノ心」を深め、「性の知覚」に至る方法とは、「形」たる自身の職分を誠実に尽くすことと表現できるであろう。

第五節　『都鄙問答』の可能性と限界

梅岩の経済倫理を支える哲学、すなわち性理学は、上で検討した通り、多分に神秘的であり、行き着く先は極めて宗教的という他ない。しかし、石門心学が町人哲学として成立し得たのは、最終的な結論が「私利私欲を慎みつつ、自身の仕事に励むこと」という、驚くほど単純なものであったことによるといえよう。ただし、理解できるか否かは別として、梅岩の性理学は、その結論を導く不可欠な前提として横たわっている。そして、その性理学において問題と考えざるを得ないのが、最後に触れた「形ニ由ノ心」から導出される、独特の職分観なのである。相良亨は、次のように指摘する。

職業が身分とともに生得的に決定され、生涯変わらぬものであった時、たとえ「身分」と「職分」とが考え方として区別されたとしても、言葉の用法上の混乱はまぬかれがたいところであろう。ともかくわれわれとしては、梅岩のいう「形」—士・農・工・商は、職業の「形」であるとともに身分の「形」であり、彼の「形」が区別さるべき二つの側面をもつことをまずおさえておく必要がある。[26]

すでにみた通り、梅岩は四民に本質的優劣がないことを主張する者であった。しかし、四民の区別自体に否を唱える者では決してなく、むしろそれを自身の「形」と捉えよ、と説いたのである。『石田先生語録』の巻十にも、次のように、四民の別に関して直接的に言及された箇所がある。

我レモ亦貴賤尊卑ノ品ヲ越ズ財宝アルニ従テ法ヲ守ラバ実トニ倹約ト云ベキカ[27]。

経済倫理に関しては、先進的という他ない分析を提示しながら、同時に、階級制度に関しては、梅岩は極めて封建的な見解に安住しているように思われる。しかし、この両面は決して矛盾するものではない。職業に貴賤なしとする価値観と、四民の別は正当とする判断は、共に現状の肯定という主張の中に、収まりよく共存し得るためである。

職分と身分を自身の「形」としてしまう根拠を、梅岩は、それが何より天命であるがゆえ、と説いた。これは、儒学の職分論の影響を被り、形成された思想であろう。ベラーは、室鳩巣《むろきゅうそう》（一六五八〜一七三四年／万治元〜享保一九年）の職分論を考察し、それが宗教的要素を強く保持するものと指摘する。

天職という語は、職分ほど一般的ではないが、職業の観念をさらに明かしてくれる。この複合語の最初の字、天はheavenであり、したがって、その意味は「天命による職業」である。すなわち、天から命ぜられた職業であり、もしくは召命である。このことは、すでに前述の鳩巣からの引用に含まれている社会的、宇宙的、あるいは宗教的思想が関係していることを示している。[28]

梅岩の心学は、ここで論理的分析にとっての袋小路を迎える。「形ニ由ノ心」を深め、「性の知覚」に至るための方法として提示されるのは、自身の「形」たる職分に勤しむことであるが、職分を「形」として是認する根拠は、それは「天」が与えたものであるとされては、もはや合理的な批判や、理性的な議論は成立し得ない。もちろん、梅岩が本当に主張したかったことは、次の通り、「心」を深く知り、自身の人間力を磨くことにあったことは間違いがない。

たしかに人は、それぞれの「時ノ宜キ」を「義」とし、「只今ノ身分」に位置づけられた四民のあり方、別の表現をすれば「礼」をわきまえるべきである。しかし梅岩にとって、「商売人」が「侍」になることが理想の人間となることではない。すでにみたように「無心ノ天」より「天命」として与えられた「形」はそれぞれに相違はする。しかしひとしく人間として探求すべき課題は、現実の所与の形である「身分」を突きぬけた、普遍にして永遠の課題である「心」とはなにかを主体的に自覚してゆくことであるというのが、梅岩の主張の根本ではないかと思われる。[29]

自身の「心」を主体的に深めるという自由を許容しつつ、しかしながら、生き様に関する自由を許容しないというのは、思想の自由と行動の不自由とを並存させるものであり、結果的には、個人の主体的自由を全般的に抑圧してしまうことに繋がる。『都鄙問答』において展開された梅岩の教説を、社会思想という観点から捉えるならば、既成の階級と体制を是認するそれと分類する他ないであろう。

また、このような性理学によって経済倫理を支えることには、もう一つ本質的な問題が存する。梅岩は、私を滅して公を尊び、日々自身の生業を誠実に勤めなければならないことを説いたが、この根拠として、それが「形ニ由ノ心」を深く解し、「性の知覚」に至る道であるがゆえ、と説いた。「性」を知り得たものは、天人合一の境地に至る、ともいう。しかし、この「性の知覚」の目的は一体何であろうか。ここで公私という観点を挟み入れるならば、「性の知覚」への欲求は、公私、いずれの利得に基づくものといえようか。これは必ずしも、後者のみとは考えられまい。仕事に励み、「性」を知り、「天」と合一し、また仕事に励むというサイクルは、もちろん天下の万民を利することにも繋がるであろう。しかし、他ならぬ自分、他人でなく自身が「性の知覚」に至るべきであるとするのは、そこに私利も存するため、である。ここで私利と表現したが、それは何も経済的なものに限られない。精神的な安寧や、救済の感覚など、精神的な利も、極めて大きなものとして存在する。

『都鄙問答』で展開された梅岩の思想は、金銭の絡む経済活動や蓄財に対して、偏見の目を根源的に摘み取るものであった点で、高く評価すべきものといわざるを得ない。しかし、その下に横たわる存在論は、主体である個人に対し、「形ニ由ノ心」を中核とする性理学を提供し、結果的に既存の社会体制に従順であることを強いる効果を持つものであった。換言すれば、私欲を捨て、「倹約」を心掛け、公共の利益を志向させる対価として、梅岩は宗教的な救済しか準備できなかったといってよかろう。これは何も、宗教の価値を低く考えているがゆえの批判ではない。指摘しておきたいのは、『都鄙問答』における経済倫理思想が、超越的価値観の助けなしに完結をみることができなかったという点である。

石門心学が門下生の数を一気に増加させ、隆盛の時代に入るのは、手島堵庵《てしまとあん》（一七一八〜一七八六年／享保三〜天明六年）ら、梅岩の弟子たちがその教説を広め始めて以降である。堵庵は梅岩の「性」を、ただ「本心」といい換えたことで有名であるが、これは普通に指摘されるような心学の単純化であるというより、超越的かつ非合理的な要素を極力排し、それを日常的な価値のみで語り尽くす努力の一つであったとは考えられまいか。もしそれが正しければ、石門心学は梅岩の性理学を切除した形で、庶民の思想に流れ込んだということもできるはずである。

そして実は、経済思想からの神秘的要素の切除作業は、弟子である堵庵の代で初めて進められたのではなく、梅岩が著したもう一つの書物、『斉家論《せいかろん》』（一七四四年／延享元年刊）において、すでに着手が確認できることなのである。もし、「形ニ由ノ心」に寄り掛かることなく、「性」を知ることができるとするならば、それは一体いかなる方法によるのであろうか。梅岩思想の可能性を探る際、最大の問題となるこの件に関して、次章では『斉家論』の内容を詳細に検討しつつ、考えてみたい。

注

1　ベスト・セラーとなった中野孝次の書、『清貧の思想』（草思社・一九九二年）が、この語の流行現象の発端であったことは疑う余地がない。もちろん、この基礎には、狭義には国内バブル経済の崩壊、広義には世界システムの大転換が横たわっている。

2　Adam Smith, *The Theory of Moral Sentiments*, London: Printed for A. Millkar, in the Strand; And A. Kincaid and J. Bell, in Edinburgh, 1759.　アダム・スミス著、水田洋訳『道徳感情論（上）』（岩波書店・二〇〇三年）、一三頁。

3　同書、四三～四四頁。

4　Tessa Morris-Suzuki, *A History of Japanese Economic Thought*, Routledge, 1989.　テッサ・モーリス＝スズキ著、藤井隆至訳『日本の経済思想　江戸期から現代まで』（岩波書店・一九九一年）、四七～四八頁。

5　『石田先生語録　巻二』、柴田實編『石田梅岩全集（上）』（清文堂出版・一九五六年）所収、二四五頁。

6　石田梅岩の生涯を記述するに際しては、石田梅岩著、足立栗園校訂『都鄙問答』（岩波文庫・一九三五年）、石川謙『心学　江戸の庶民哲学』（日本経済新聞社・一九六四年）、柴田實校注『日本思想大系42　石門心学』（岩波書店・一九七一年）などを参考とした。

7　竹中靖一『石門心学の経済思想　増補版』（ミネルヴァ書房・一九七二年）、二一四頁。

8　石田梅岩『都鄙問答』、前掲『石田梅岩全集（上）』所収、三二頁。

9　Robert N. Bellah, *Tokugawa Religion- The Cultural Roots of Modern Japan*, The Free Press, 1985.　R・N・

ベラー著、池田昭訳『徳川時代の宗教』（岩波書店・一九九六年）、三一六頁。なお、梅岩の「岩」の表記に関しては、前掲『石田梅岩全集（上）』の「はしがき」などを参照のこと。

10 例えば、平田雅彦『企業倫理とは何か　石田梅岩に学ぶCSRの精神』（PHP研究所・二〇〇五年）、由井常彦『都鄙問答　経営の道と心』（日本経済新聞社・二〇〇七年）などを参照。

11 前掲『都鄙問答』、七八頁。

12 同書、八二頁。

13 同書、三二～三三頁。

14 同書、三三頁。

15 川口浩「石田梅岩の『倹約』」、今井淳・山本眞功編『石門心学の思想』（ぺりかん社・二〇〇六年）所収、八五頁。

16 前掲『都鄙問答』、七八頁。

17 同書、八八頁。

18 『石田先生語録　巻四』、前掲『石田梅岩全集（上）』所収、三三〇頁。

19 源了圓「石田梅岩論」、古田紹欽・今井淳編『石田梅岩の思想「心」と「倹約」の哲学』（ぺりかん社・一九七九年）所収、一〇一頁。

20 前掲『都鄙問答』、一〇五頁。

21 同書、一〇七頁。

22 同書、一〇六頁。

23 同書、一一三～一一四頁。

24 同書、一一四頁。

25 同書、三八頁。
26 相良亨「石田梅岩の思想」、前掲『石田梅岩の思想「心」と「倹約」の哲学』所収、一三四頁。
27 『石田先生語録　巻十』、前掲『石田梅岩全集（上）』所収、四九二頁。
28 前掲『徳川時代の宗教』、二二八〜二二九頁。
29 今井淳「石田梅岩の『形』と『心』の問題」、前掲『石田梅岩の思想「心」と「倹約」の哲学』所収、一七七頁。

第二章　石田梅岩『斉家論』における道徳哲学の再検討
——『都鄙問答』との比較を通して——

総じて実践的法則は、或る可能的行為を善であるとして、それだからまた理性によって実践的に規定されるような行為的主観に対して必然的であるとして提示される、してみるとおよそいっさいの命法は、なんらかの点で善であるような意志の原理に従って行為を規定する方式である。もし行為が何か或る別のものを得るための手段としてのみ善であるならば、その命法は仮言的である。ところでもし行為がそれ自体善であるとして提示されるならば、すなわちそれ自体理性に従うような意志において必然的であるとして——要するにかかる意志の原理として提示されるならば、その命法は定言的である。

——カント著、篠田英雄訳『道徳形而上学原論』（岩波書店・一九六〇年）、六九～七〇頁。

第一節　近代性と梅岩思想

江戸時代に対する高評価が安定したのは、思想界にポスト・モダニズムが登場し、それに続いて自然環境保護の視点が巷間に広がった一九八〇年代以降のことである。それ以前を振り返るならば、戦前より一貫して、江戸時代は庶民の自由な生を収奪し、場合によっては、中世のルネサンス的機運を逆流させた悪しき時代として、否定され続けてきた。[1] もちろん、あらゆる研究者が、同一の見解に安住していた訳ではないが、歴史、および思想史学界の趨勢は、明らかに江戸否定に傾いていたといってよい。例えば、社会学を中心に展開された近代化論は、上記の流れに一石を投じたものと考える向きもあろうが、近代化論において為された議論も、江戸という時空自体を否定していた意味では、他のものと疑いなく軌を一にしていた。

現在の江戸時代研究は、当該期を、ひとえに近代の前段階と捉え、その萌芽を探し求めるものではなく、近世という時間の独自性を認め、そこで育まれていた豊かな可能性を問う方向に転換し始めている。あるいは、渡辺京二のいうように、江戸時代を近代自体に組み入れ、肯定的に捉える議論すら現れ始めたのである。

徳川期を初期近代とみなす視座は、徳川日本と近代日本の間に断絶のみ見いだしがちであった従来の史学に対して、両者の連続を重視する点で、たしかに新鮮な歴史叙述を可能にするだろう。だがそれは下手をすれば、徳川期を近代的価値観によって弁護しジャスティファイする、近代至上的歴史叙述になりかねない。[2]

もちろん、近代という尺度を用いることによって江戸時代を眺めることは、そこから零れ落ちる要素の真の意味を知る機会を喪失することにも繋がる。歴史を「正しく知る」ためには、ゆえに特定の価値観から過去を断罪する姿勢は、可能な限り慎まねばなるまい。しかし、今に繋がる江戸時代の評価が、先に述べた自然環境保護のような視点を一つの契機としていることを知れば、価値中立的な歴史考察は決して容易ではないと理解されるはずである。

江戸という時空への評価は、結果として、同時代に生育した思想への注目ももたらす。ここで注意しなくてはならないのは、歴史と思想への接近は、大いに異なった営為となるであろうことである。歴史の研究であれば、その時代の本当の姿を解き明かすことも、一つの使命となるはずである。しかし、思想に対する研究は、多くの場合、現代に生きる我々にとって、指針や参考になるものを見出そうとする。過去の思想を、可能な限り正確に描出し、その完成をもって研究の終了とすることは稀であろう。江戸時代の思想を、等身大の認識を破壊する意味で、地球疎外的科学を批判するものとして捉えたり、貨幣偏重経済を批判するものとして捉えたりするのは、現代に生きる我々にとっての意義を探るために他ならない[3]。それは結果的に、近代という視角から江戸思想を読み直すことでもあろうが、歴史学と異なり、研究上の瑕疵とすることができないのは、これによって挙げられる成果が疑いなく大きいためである。

石田梅岩《いしだばいがん》（一六八五〜一七四四年／貞享二〜延享元年）は、江戸時代、および同時代の思想が注目される中で、一層注目の度合を高めてきた思想家である。高度に発展を遂げた資本主義社会の中で生きる現代人の目にも、梅岩の著作にみられる思考の束は、経済活動の倫理的側面について鋭く見通すものと映ずる。換言すれば、金銭欲や蒐集欲といった「私欲」と、日々繰り返される経済活動の両者を、本質的に峻別する視点を与えてくれるものなのである。すなわち、梅岩思想の高い人気は、近代と地続きである現代の社会に生きる我々にとって、指針や参考となる思想を教示してくれるがゆえのことといえよう。

梅岩が語る経済思想や道徳哲学は、上記の通り、少なくとも表層的には、現代における強い説得力を担保している。しかし、主著『都鄙問答《とひもんどう》』（一七三九年／元文四年刊）を慎重に読み進めると、彼の倫理の基底には、直ちには理解し難い、特徴的かつ神秘的な存在論が横たわっていることにも気付かれよう。彼が「形《カタチ》ニ由《ヨル》ノ心《ココロ》」、「形《カタチ》ガ直《ヂキ》ニ心《ココロ》」と表現する、外形と精神の連関を説くその教説は、理性の光の届かぬ深淵に沈み込んだ、感覚的な教説である。彼の心学において、目的と設定されているのは「心ヲ尽シ性ヲ知」[4]ることであるが、「形ニ由ノ心」とは、修養者にとって「心ヲ尽シ性ヲ知」るための最大の手掛かりとなるべき、世界の成り立ちに関する説明にも相当する。具体的にいうならば、「形ニ由ノ心」

とは、今現在の自身の職分、身分を所与とし、必然と捉えて、その制約の中で日々最善を尽くすこと以外に、真理に接近する方法はなしとする思想と捉えてよい。

前章において提出した結論は、次の二つである。まず、「形ニ由ノ心」が、諸個人をして現状を甘受させる機能を持つものであり、それはつまり、近代性といかにしても親和性を持ち得ないこと。もう一つは、「心ヲ尽シ性ヲ知」るための修養が、公の利益を増大することのみを真の契機とするものではないこと、である。梅岩の思想は、彼の生きた江戸時代という社会的文脈においてのみ、本当の姿を顕現させる。しかし、本書においては、本当の梅岩思想の姿を「正しく知る」ことを、目標としない。代わりに、近代から連続する現代において、梅岩の経済思想がいかなる意義を持つものか、これを考究するものである。すでに論じた通り、特定の尺度を用いて過去の思想に接近することは、それがかつて保持していた可能性の幾つかを捨て遣る結果に繋がる。つまり、『都鄙問答』に包蔵されていた可能性は、近代的意義を探求する本書の議論において、その全てが掬い取られ得ないことを頭のどこかに留め置いておく必要はあろう。

前章の考察は、梅岩の『都鄙問答』の記述に限定して、現代における意義と限界を問うものであった。それに対し、本章は、梅岩のもう一つの、そして最後となった著作『斉家論《せいかろん》』（一七四四年／延享元年刊）を読むことで、上記の問題点を再考し、両著作の異同を明らかにせんとするものである。後に詳しく述べるように、『斉家論』の記述は、『都鄙問答』に比して難易度が幾分下がっている。その理由は明らかで、彼がより多くの、場合によっては学問に馴染みのない人々に対しても、自身の思想における肝要な箇所を説き伝えたかったがためである。よって、『斉家論』は、『都鄙問答』の最重要箇所の再説としても読むことが可能かと思われる。また同時に、より教え伝えることに力点を置いた『斉家論』においては、当時の人々にとっても、すぐに飲み込めたとは考え難い梅岩の性理学に対する、より明快な説明が期待されよう。

第二節　『斉家論』の成立とその特徴

梅岩は、その生涯において二冊の書を著している。一つが主著とされる『都鄙問答』、もう一つが、死の直前に刊行された『斉家論』である。この二書以外にも梅岩の言葉を記録した『石田先生語録』が残存しているが、それらは全て弟子たちが書き留めた講義ノートの類であり、梅岩自身の手によるものではない。

『都鄙問答』と『斉家論』の間には、単純計算で五年の歳月がある。体系的に梅岩思想を整理した『都鄙問答』で終わらず、『斉家論』の執筆に着手した一番の理由は、門弟であった近江屋仁兵衛らの発起により、同門の者の間で「倹約」の実践を申し合わせ、その趣意書の起草を梅岩に依頼したことにあるといわれている[5]。この件に関しては、同書にも次のような記述が確認できる。

幸今般門弟倹約示し合の書付を認め、其序を予に請れけれど、先何もの存より述られよといへば、如斯とて書付見せられけり。趣意予の心に合ふ。[6]

近江屋仁兵衛らが師である梅岩にみせた心覚えの内容とは、次のようなものであった。

現在の世は誠に泰平であり、それはまるで『論語』に記された禹の治世のように、我々の目に映ずる。なお、禹は「倹約」を旨としたことで名高い古代中国・夏王朝の王である。一般に、「倹約」と吝嗇とを混同している者が多いが、それは大いなる錯誤であって、「倹約」とは身分相応に、程よく財貨を用いることを意味する。士農工商がそれぞれ、自分の職分を全うすれば不自由なく生活できる、この偉大な仁政に報いるために、我々ができることは「倹約」を守ることである。この「倹約」によって、人と人との縁が強くなり、親しさもより深まることを知らなくてはならない。衣服なども可能な限り質素なものにしておけば、結果的に要らぬ苦労を減じさせることができる。「倹約」は、先祖父母への孝行であり、政府への恭順の道理となろう。[7]

梅岩は上記のような覚書を読み、「趣意予の心に合ふ」と述べているが、さすがにその内容は、梅岩の講義を真摯に聴取した門弟たちによるものと感心させられる。『都鄙問答』で表現された梅岩思想の特徴は、時代と社会、すなわち自身を包み込む環境を所与とするか、むしろ称揚した上で、主体としての個人である自らが、いかに善なる身振りを実現できるかを考え抜くものであった。逆にいえば、時代や社会といった環境に何らかの問題が存するとしても、個人の在り様いかんによっては、結果的にそれらは改善されるか、否定的要素として自らを傷めるものとなり得ないというのが、彼の姿勢であったように思われる。主体としての個人に重きを置く以上、心学的側面が強調されるのは半ば必然であろう。個人を司るものは頭脳であり、精神であり、心に他ならないためである。

ところで、上記のような梅岩の思想は、全てが彼の独自性に基づくものではない。上記のような道徳哲学、そして世界解釈を聞けば、直ちに想起されるのが『大学』における「修身斉家治国平天下」の言葉であろう。儒学における根本原理を簡潔に表現する九文字「修身斉家治国平天下」は、天下を治めるために従わなければならない順序を表したものとされる。直訳すれば、「身を修め、家を斉え（整え）、国を治めれば、天下は泰平となる」の意である。つまり、世の中を平和にするためには、あるいは世界のことを語るためには、まずは自身の修養をせねばならない。梅岩は、この方法論をそのまま採用している。石門心学は、よく三教（神道・儒教・仏教）や老荘思想などの融合と捉えられるが、著作を読み解く限り、その根本は何といっても儒教（儒学）であると断言してよい。

『斉家論』の「斉家」は、まさに「修身斉家治国平天下」から採られている。とすれば、同書の角書にみえる「倹約」の意味も、自ずと知られよう。それは「修身」、つまり自身の修養にとって、基本指針となる徳目を表現しているのである。加えて、「倹約」の実践が「斉家」にとっても優れた効果を及ぼすことは、明らかなところであろう。

ところで、それほど肝要な「倹約」について、『都鄙問答』ではとても中心的には語られていなかったことを思い起こすと、やや奇妙な感があるかも知れない。『斉家論』の中には、これに関連して、梅岩自身の次のような言葉が記されている。

答曰。汝の言ごとく、倹約は学者におひてつねのことなり。某嘗て著す、都鄙問答、或人主人行状の是非を問の段にいひ置しは、始終倹約を行ふ事なれど、それと題號なきゆえ、門弟も心付なかりしに、倹約が常なる事を得心し、此度改め行へり。それゆへ、家内のものも珍しき事と思へるなり。向後身分相応を知れば倹約がつねとなる也。[8]

「倹約」の心掛けは学者にとっては実に当然のことであるが、門弟たちはこれまで、さして関心がなかったようにみえる。『都鄙問答』の「或人主人行状ノ是非ヲ問ノ段」において、「倹約」について語ったつもりだったが、「倹約」という明確な題目がなかったため、十分に注意を喚起できなかったのであろう。梅岩は、このように述べている。しかし、これは飽くまで梅岩自身の説明であって、必ずしも正しいとはいえない。『都鄙問答』の最重要箇所は、疑いなく「形ニ由ノ心」の教説であり、なぜならばこれこそが「性の知覚」に至る手掛かりになるものと説かれていたためである。

『斉家論』の成立経緯と、同書に散りばめられた幾つかの記述を読むと、梅岩は意識してか、そうでないかは別にして、『都鄙問答』の成立以降に、自身の教説の一部に改変を施したように思えてならない。『石田先生事蹟』には、彼の性理学への志向は少なくとも三五、三六歳の頃からは一貫していたとの記述がみえるが、[9]二つの著作を読む限り、それに対する説明の方法は長く揺れ動いていたことがわかる。先回りに述べるならば、『斉家論』においては「形ニ由ノ心」が明らかに後景に退いており、その理由は、より一般的な「倹約」なる徳目の実践によって、梅岩の心学上の目的に到達可能であると考えたがゆえではないか、と思われる。また、手《て》島《しま》堵《と》庵《あん》（一七一八〜一七八六年／享保三〜天明六年）を筆頭とする石門心学二世の登場以降、石門心学が隆盛を極めるのは、上記の軌道修正を晩年の梅岩が行ったためではなかろうか。

このことを詳しく検討するため、次に『斉家論』の基本的主張をみていきたい。

第三節　『斉家論』の経済思想

梅岩は自らの死が近いことを十分に予期していたのであろうか、『斉家論』は自身の講釈に関する思い出から始められている。

予講釈を初んと志し、何月何日より開講、無縁のかたがたにても遠慮なくきかるべしと、書付を出せしも、はや十五年に成ぬ。其比書付を見て、殊勝なりといふ人もあり。又あの不学にて何を説やと謗るもあり、或は表向きは誉れども、影にて笑ふ人もあり。其外評判まちまちなりと聞。予晩学の事なれば、何を覚えし事もなく、行跡も好人に似ることあらばしかるべきに、それもいよいよ及びがたし。然るに何を教ゆと思ふべきか、吾おしへを立る志は、数年心をつくし、聖賢の意味彷彿と得る者に似たる所あり。此心知らしむる時は、生死は言に及ばず、名聞利欲もはなれやすき事あり。是を導かん為なり[10]。

死の接近はともかく、これが最後の著作となることは梅岩本人も承知していたと推察されるが、同書の冒頭が講釈の歴史から始まっていることには、もう一つ重要な理由が存するように思われる。それは、梅岩の思想が、何より教化を重視していたことの表明と響くためである。これは、石門心学二世以降の歴史を考えても、極めて大きな意味を持つものといわざるを得ない。

次の言葉は門人の発言として記されているが、文脈から判断して、梅岩自身の主張に他ならぬものである。

我々年来教えをうくるといへども、家を治るうへに心得たがひあり。今般家を治るは、倹約が本となる事を得心せり。其本立ときは、奢りもやみ、家を斉ふべし。家斉ふれば、をのづから親の心を養ふ孝行となり、其外出入の者も、心安く恵まるべき理あり。[11]

ここでは、「修身斉家治国平天下」のうち、斉家に対して利する徳目として「倹約」が語られているが、これは修身にとっては意義がないとの主張ではなく、むしろ当然ながら修身に寄与し、修身という行為そのものとなり、よって斉家をもたらす、という意味に捉えるべきであろう。そして、梅岩がこれほどに「倹約」を重視するのは、その反対である贅沢が、人の生活を崩壊させ、家を滅亡させるがゆえである。

凡て世の有様を見来るに、町家ほど衰へ安きものはなし。其根源を尋れば、愚痴といふ病なり。其愚痴が忽変じて奢となる。愚痴と奢と二なれど分がたきことを語るべし。[12]

道理をわきまえない愚かさは、結果的に贅沢に繋がる。贅沢によって資産を減じ、これによって家の財政が逼迫するというのは、至極当然のことであろう。考えの及ばない愚は、奢侈と表裏一体であり、修身と斉家にとって最大の敵と考えるべきである。

しかし、梅岩のいう「倹約」とは、ひとえに金銭面での節約のみを指すのではない。物にはそれぞれ本質、すなわち「性」が存するが、その「性」を引き出すことなく、廃棄してしまうことも贅沢であると糾弾する。石川謙は、この物の「性」に対する贅を、井戸から水を汲み上げる縄釣瓶の古縄を例に用いて、次のように解説する。

縄に性があって、縄として働ける間は縄に使い、性を失ってくみ上げる力がなくなったら、燃える力を利用してたき物にするといったように、その本質にしたがってものを生かしてゆくということを、世間ではしまつがよい、倹約だとよんでいる。つまり、この世に無用のものあらしむべからず、というたてまえである。[13]

また川口浩は、梅岩のいう「倹約」を、経済的側面と道徳的側面に分けて考察し、それぞれが独立してあるのではなく、お互いに影響を与えつつ並存するものと捉えている。つまり、金銭面での相応の「倹約」、すなわち節約は、生活全般や精神的状態も有徳とする効果をもたらし、生活全般や精神面での「倹約」、すなわち物の本質を見極めた身振りや態度は、金銭面において有益な効果をもたらす、というのである。

先程市場経済の下における商人について見た例に即して言えば、ある商人が「天命」を受容するという道徳上の「倹約」を躬行していくと、実際の行為としては知らず知らずの内に経済上の「倹約」を行う結果になってしまうという関係にあるのである。つまり、躬行する商人の主観に従えば道徳上の「倹約」が、しかし客観的行動としては経済上の「倹約」が行われるのである。しかもこの場合重要なことは、その商人が自己の主観上の意図に忠実であればある程、主観的目的と客観的行動との差異は意識されなくなるということである。したがって、商人が道徳上の「倹約」に従って生きようとすればする程、その商人は経済上の「倹約」に精励するのである。つまり、道徳によって動機づけられて、商業行為が遂行されるのである。[14]

『斉家論』は、講釈の思い出で始まる冒頭から、最後のまとめに至るまで、一貫して教化への意欲を滲ませている書物である。そのこともあり、「倹約」なる徳目の実践という一点突破型経済倫理を前面に出し、この効果を容易な言葉で語り尽くそうと努めるものであった。これまでの概観で触れた箇所からでも、「倹約」を中核に据えた経済倫理思想は、表面的には論理的整合性を持って理解することができるように思われる。しかし、初めに問題として掲げた「形ニ由ノ心」や「心ヲ尽シ性ヲ知」ることに関する議論には、まだ触れていない。よって次からは、上記の「倹約」に関する理解を携えた上で、より心学的な話に踏み込んでみたい。

第四節　『斉家論』における性理学

梅岩が『都鄙問答』において展開した「形ニ由ノ心」なる教説は、士農工商という身分にして職分は天命であり、それを全うすることによってのみ「心ヲ尽シ性ヲ知」ることが可能となる、というものであった。四民には序列があるが、梅岩にとっては、より上の身分／職分が、より下のそれらより本質的に優れているなどということは、全くもってなかった。「形」とは、人間以外でいうならば、ボウフラであったり、蛙であったり、蛇であったりすることであるが、その知覚可能な外形は、仮の外套とでもいうべきものでしかなく、その外套に包まれた本体たる「心」に真の実在は秘められており、それこそが梅岩を引き付けるものであった。石川謙は、次のように説明する。

「形に由る心」は、やがて最後の規範的実在者たる性に繋がる心でもあるから、心に於いて性と形が総合統一せられて、性は規範者たるの用をここに発揚し実在者たるの実をここに顕現する。形は存在者たるの権利をここに獲得して、規範者の善き代弁者たるべき機能を発揮する事が出来る。形による心を挙揚して「性へまでの心」に昂めることは、人にして初めて可能であると共に、人の誰でもへ課せられた厳粛な義務である。[15]

『都鄙問答』に対し、『斉家論』で語られる修養方法はやや異なっている。「形ニ由ノ心」という存在論の下では、「心ヲ尽シ性ヲ知」るためには、職分を尽くさねばならなかったが、『斉家論』においては、より簡潔に、徳目としての「倹約」の実践が修養として求められているのである。

予云倹約は、只衣服財器の事のみにあらず。惣て私曲なく、心を正ふするやうに教たき志なり。[16]

先ほど、「倹約」の経済的側面と道徳的側面の区別に触れたが、上に引いた梅岩の言葉は、まさにそれに対応しているものといえよう。ただし、梅岩においては、「倹約」の道徳的と呼ばれる側面は、経済的側面と対等な位置関係にあるのではなく、より優先されるべきもののように思われる。上記の引用部分のみでは明らかではないが、『斉家論』を通読するならば、「倹約」は第一段階にして最重要な修養である、心学的なそれに関わる方法として説かれているがゆえ、である。

梅岩は次のようにも述べている。「倹約」は修身にとって中核となる徳目であり、しかもそれは四民の別なく、万民に共有されるべきものである、と。

上より下に至り、職分は異なれども理は一なり。倹約の事を得心し行ふときは、家とゝのひ国治まり天下平なり。これ大道にあらずや。倹約をいふは畢竟身を修め家をととのへん為也。大学に所謂、天子より以て庶人に至るまで、一に是皆身を修るを以て本とすと、身を修るに何ぞ士農工商のかはりあらん。身を修る主となるは如何。これ心なり。[17]

すでに述べた通り、梅岩は四民の別は認めても、それらの価値に差があるとは決して捉えない者である。ゆえに、「身を修るに何ぞ士農工商のかはりあらん」との発言は、これまでと矛盾するものではない。彼の最終目標は、「心ヲ尽シ性ヲ知」ることにこそあり、そこに至る手段は、飽くまで手段以上のものではなかろう。

　しかし、上記の叙述は、『都鄙問答』を精読して、実践躬行しようと考えた者にとっては、違和感を覚える内容となるはずである。なぜならば、「倹約」という徳目の実践は、四民に共通するものであり、これを徹底さえすれば修身は遂げられる、と主張しているためである。この理路を受容するならば、「形ニ由ノ心」の居場所は、限りなく小さいものか、あるいは消滅してしまうのではあるまいか。「形ニ由ノ心」は、自身の外形を知り、それを手掛かりに「心ヲ尽シ性ヲ知」るものであった。簡潔な徳目である「倹約」によってこの目的が遂げられるならば、「形ニ由ノ心」は手段としての有効性はおろか、世界説明の原理としても失効してしまうであろう。

　ここで結論を出すのは控えて、梅岩が何ゆえに「倹約」によって性理に到達可能としているのか、その説明を少し追ってみたい。

天地人の三才となるは唯心のみ。古今たれか此心なからん。然ども是を知る者まれなり。知といへども、其通を行ふ者甚かたし。惟君子は誠を存し、克思ひ克敬し、天君泰然にして百体礼に従ふ。不学者は見聞所の欲にひかれ、固有せし、仁心を見失ひ、これを求る事をしらず。知らざれば、ことごとく不仁となる。不仁となるものを放心といふ。[18]

天地人、すなわち宇宙に存する万物の大元は「心」であるが、それを理解している者は少ない上、知っている少数の者にとっても、「心」の本来あるべき姿に従って、物事を行うことは困難な業である。本来の「心」を失ってしまった人間の行為は、全て不仁となる。この不仁に導くものを、梅岩は「放心」と呼んでいるが、それは例えば次の三つのような私欲のことを指す。

まづ放心の一二を挙ていはば、名聞と、利欲と、色欲なり。衆人はたとひ少々の善事をなせども、己を他より誉られたく思ふ心よりする善事なれば、実の善事にあらず。其外身上の事、氏系図の事、或いは芸能、智恵に至るまで、己相応より宜しく思はれたき心有は皆名聞也。又利欲といふは、道なくして金銀財宝をふやす事を好むより、心が暗く成て、金銀有がうへにも溜たく思ひ、種々の謀をなし、世の苦みをかへりみず、剰親子兄弟親類まで不和に成、たがひに恨みをふくむに至る。又色欲といふは、若き時は前後のわきまへもなく、しなかたちにのみめで、ここかと思へばかしこにわたり、流れの女にさへ心を見すかさるれど、夫をもしらず。親のゆるさぬ金銀をつかふ。又老たる人も、夫婦諸とも道にも入べき時、腰本や下女に手をかけ、又はわかき女を抱へ、寵愛し、親むべき女房には疎く成、頭には白髪をいたたく事をしらず。栄耀栄華のおごりのためにこころを悩ますことはなはだし。其外万事不義無道をなし、心を煩すは皆放心を以なり。[19]

梅岩思想は、その基底に揺らぐことなき性善説を据えており、「心」が本来の姿を取り戻しさえすれば、人は疑いなく善人となり得るとする。なお、上の引用箇所には登場していないが、梅岩が「心」の本来態を「性」と呼ぶのは、儒学、殊に朱子学の影響の下にあることの証拠である。その本来善であった「心」が病んでしまうのは、名聞《みょうもん》、利欲、色欲などによってであると、彼は説くのである。なお、名聞は上の説明を踏まえると、名誉欲と解されるものであり、利欲は物欲や金銭欲に当たるものであろう。名誉欲や物欲、金銭欲、色欲によって「心」が問題を抱えるのであれば、これらを排斥するよう、常日頃から注意を払うのが、一つの修養となる。

放心といわれる否定的要素は解することができたが、「性の知覚」に至るための、より積極的な心構えは存しないのであろうか。梅岩は『斉家論』で、この心学的修養の積極的姿勢を表すものとして、「正直」という語を使用している。次に引くのは、大洪水の影響で経済的に大打撃を受けた商人が、このような状況にあっても新年の祝いはするべきか、また祝うべきならば、いかにしてそれに相応しい精神の状態を得ることができるのか、梅岩に質問した際の回答である。

望の通り万々歳を祝ふべし。祝ふといふは他の儀にあらず。正直を守ることなり。正直を守らんと思はば、先名聞利欲を離るべし。然れども柔弱にてははなれがたく、名利のこころは発るべし。発るとも一生行はざれば、扨も正直なりと、天下の人よろこぶべし。天下の人に悦ばるるほど目出たきことはあるまじと思へり。[20]

世間の人々に喜ばれることを求める気持ちと、名誉欲の違いは、梅岩において明らかではない。しかし、「名聞利欲を離るべし」という言葉から考えて、「正直」であるというのは、私欲を払拭した状態を指すことは疑いのないところであろう。加えて、自身の経済的危機においても、動ずることなく、平年通りに新年の祝いをするべき、という箇所から判断して、この「正直」は今普通に流通している「嘘や偽りがないこと」を明らかに超え出た意味合いで使用されていることが理解できる。

程子の所謂、聖人の心は明鏡止水のごとく、四方八方を照し給ふ。又神道にて、八咫鏡と申奉るは、直に天照太神宮の御心にて、天が下あらんかきりを照らせたまふ。神聖の御心如斯。一塵もとどめぬ御心にて乾坤を貫きたまふ。これ明なりといはんや。直なりといはんや。又正きといはんや。[21]

明鏡止水の境地にあり、三種の神器の一つである八咫鏡のように、天下を遍く照らす「心」。つまり、不動にして、常に平静を保つことのできる精神の在り様こそ、梅岩のいう「正直」である。先ほど、自身の経済的危機に瀕しても決して動じてはならないと梅岩が語っていた理由は、ここにおいて明らかとなる。

外的状況や環境の変化によっては、決して乱されない精神、すなわち「正直」なる状態を獲得し、かつ、叶うならば周囲を照らす、すなわち励まし、向上させる「心」を得るよう修養に励むことが、心学的意味においての「倹約」なのである。「心ヲ尽シ性ヲ知」ることは、よって「倹約」という修養を通じて実現されると考えてよい。

第五節　『都鄙問答』と『斉家論』

梅岩が『斉家論』で展開した教説を簡潔に整理すれば、次のようになろう。すなわち、経済的な「倹約」は当然であるが、同等かそれ以上に必要なのは、道徳的な意味での「倹約」であって、これは私欲を振り払い、「正直」な「心」を得ることを目指すものである。平静な状態を獲得するのみならず、周囲を明るくできるほどの「心」を手に入れられるならば、それは聖人の境地に至ったとさえいえるであろう。この「倹約」によって、人は「性」を知ることが叶うのである。なお、「理」は「性」に宿り、天地人あらゆる存在は、共通した「理」を包蔵している。

これに対して、『都鄙問答』で展開されていた教説を、「形ニ由ノ心」を中心に整理すればこのようになる。人の外形は職分であり、よって必然的に身分でもある。それらは動物や植物の種類と同じく、天命によって形成されたものであり、必然と受け取らねばならない。よって、人は「形《カタチ》ヲ践《フ》ム」[22]こと、すなわち、五倫の「道」を実践し、日々の職分に励むことによってのみ、「性の知覚」に至るのである。動物は私心がないため、却って「形ヲ践ム」ことが容易であるというが、これは彼らが自身の外形を所与のものとして受容するためともいえよう。

上記の二書を比較すると、梅岩が「心ヲ尽シ性ヲ知」ることを最終的な目標に設定していることには変わりがないが、そこに至る修養の道と、その理由付けとなる存在論を、明らかに変化させていることが判明する。結果的に、社会思想としては現状を肯定するものであった『都鄙問答』に対し、『斉家論』は、現実の社会制度や、それによって規定される身分や職分に対して、積極的に肯定する姿勢を全くみせていない。むしろ、そのような現実の諸関係からは一歩退いた地点で自身の哲学を完結させているように思われる。もちろん、職分を全うせねば「性の知覚」に至らぬとするのは、『斉家論』の時点においいても同じであろうことは、文脈から解されるところである。しかし、その職分を天命とし、それと「心」が不可分で、一致したものとする存在論は、『斉家論』の心学においては必要とされていない。この意味で、『斉家論』は、同時代の万人のみならず、近代に向けて開かれた思想書になり得るといえよう。「形ニ由ノ心」を前近代的とする批判に対しては、様々な反論の方法が想定される。その代表といえるものは、次のようなものである。そもそも、梅岩は、現実を甘受し、無条件に肯定する目的で「形ニ由ノ心」を持ち込んだのではなく、むしろそれは、四民が本質的には平等であることを力説するための教説であった。彼が「形ニ由ノ心」という語によって伝えたかった真のところは、自身の「心」に向かい、「性」を知ることによって「理」を感得し、天人合一の境地に至るべき、という哲学であり、「形」の保持、保存を第一義としたのではない。すなわち、このような反論である。

ところで、「形ハ直ニ心」であるといっても、その語にとらわれてはならぬ。形はもとより仮のものであって、その奥にはさらに普遍的実在としての性あるいは天のあることを知らねばならない。心もまた同様である。「世人得心シヤスキヲ第一」として「心ヲ知ル」というけれども、ほんとうは「性ヲ知ル」というべきである。梅岩は好んで孟子「心を尽して性を知り、性を知れば天を知る」（孟子、尽心上篇）の語を引用したが、その意は、人あるいは万物はそれぞれ特殊な形をもち、またそれに即した心を有しているが、その奥には普遍的な性―天がある。各自はそれぞれの特殊にいながらその特殊に即して普遍に至らねばならないというのである。そこに梅岩の学はただの性理論から出て、その性を知るための反省・工夫と、一たび見得した心（性）の長養・発揮が問題となる。[23]

なるほど、上記のような理解に立てば、梅岩の存在論が、現実を甘受する思考停止型の教説ではないことは納得されよう。しかし、ここにおいても捨て措くことのできない問題は、その「形」が、自身の職業であり、それと不可分であった身分であると規定されている点にこそある。「心」の外套ともいうべき現実の姿形は、職業や身分以外にも、数限りなく存在するのではあるまいか。生を受けた場所、身長や体重、能力、性別など、人の属性は枚挙に暇がない。そのような中で、あえて職業、そして身分が「形」として、つまり「心」を規定する要素と説かれていることにこそ、梅岩の思想における問題点が存すると思われる。[24]

梅岩が「形ニ由ノ心」にまつわる問題を認識していたかどうか、本当のところは誰にもわからないが、『斉家論』に一箇所たりともそれに相当する説明がないことは事実である。そして、その間隙を縫うのが、『都鄙問答』時と比して、その意味内容が大幅に拡大、更新された「倹約」という徳目なのである。すでに触れた通り、梅岩本人は『都鄙問答』における「或人主人行状ノ是非ヲ問ノ段」において、「倹約」は説明済みであり、『斉家論』ではその「倹約」をわかりやすく再説したのみと述べているが、それは実際の文面をみる限り、全く正当といえない。

汝ノ知レル如ク、我親方ハ今日ニテハ内福ナル者ニテ、財宝何ニ不足ノコトモナシ。然レドモ金銀ヲ溜ルバカリニテ、何ヲ楽シムコトモナク、只金銀ノ番ヲスル而巳ニテ、貧乏人ニ同ジ。親ノ代ニハ相応ノ楽モセラレ、少ハ奢モ有シ故ニ借金モ有トイヘドモ、定リノ家督有ユヘ、是非乞者モ無レバ財宝有ニ同ジ。申サバ沢山ニ遣得ト云者ナリ。一生ソレニテ相済、果報人ニテ終レリ。加様ノコトハ双方ノ是非如何。[25]

「或人主人行状ノ是非ヲ問ノ段」は、上記のように十分に資産を持ちながらも、衣食住全てにおいて極めて貧しい生活を送っている主人の行動について不満を持つ男が、梅岩に様々な質問を投げ掛けるものである。梅岩の答えは、当然ながら一貫して主人を肯定するものであり、世間的に吝嗇と捉えられることの多くが、実は「理」に適った「倹約」であることを説いていくものとなっている。この「倹約」とは、飽くまで経済的側面のそれであり、ここから『斉家論』にあるような「正直」の議論に相当する内容に立ち入ることはなく、「倹約」の心学的作用に関する検討は全く確認できない。

以上から明らかな通り、梅岩が「倹約」を斉家の基本条件にすると同時に、修身における効果を自覚的に表明するのは、『斉家論』においてのみである。ただし、これをもって、梅岩本人が「形ニ由ノ心」という存在論を、『斉家論』において完全に手放してしまったとするのは早計であろう。しかしながら、

「形ニ由ノ心」を欠いても、拡張された「倹約」という徳目によって、梅岩の心学が完結可能であることも、紛れもない事実である。この「新しい倹約」の導入は、すでに触れた通り、門弟たちが倹約に関する趣意書の起草を依頼してきたことが契機となったのであろう。また同時に、『斉家論』の冒頭から表明されている、講釈や教化に向かおうとする意志が、職分や身分に拘らず、万人に学習可能な教説の構築に向かわせたとすべきであろうか。徳目としての「倹約」は、現実の社会的立場と無関係であり、誰でも同じように実践することができるためである。

背後に「形ニ由ノ心」を含む神秘的存在論を持ちながらも、それに一切触れることなく、主体の保持する「心」の在り様を改善し、結果、現実の生をより輝かすことに利する哲学。この『斉家論』で展開された議論は、ゆえに近代との親和性を強く持つ。もちろん、積極的に自律的個人を創出する作用を持つ訳でもなく、近代化を促す力になったとするのは論理的に無理があるが、近代性を持ち得たことによって、思想的可能性は飛躍的に高まったといわなければなるまい。

梅岩の没後、石門心学は単純化された上で、より広範な支持を得たと捉えられることが多々あるが、それは正確な理解とはいい難い。思想が、ひとえに単純化によって人気を集めるなどと考えるのは、人間と、それが支える社会への蔑視であろう。合理的に考えるならば、神秘的な、専ら感性に基づく存在論を切り落とし、近代性を確保したことで、石門心学への支持が広がったとするのが最も適切である。堵庵以降の教説が、単純化されたもののように受け取られる理由は、梅岩が『都鄙問答』で説いた存在論が相当に複雑であったためと思われる。

石門心学に近代性を胚胎させたのが、他ならぬ梅岩自身であったことは、彼の思想家としての驚嘆すべき力量の現れといえよう。加えて、それを正しく受け継ぐ石門心学二世を育て得たことは、教育者としての手腕以上に、彼の思想的性格にこそ理由が存したと知るべきである。その意味において、石門心学とその歴史を理解する上で、『斉家論』の重要性は極めて高いものであるといわなくてはなるまい。

注

1 渡辺京二『江戸という幻景』（弦書房・二〇〇四年）、九～一〇頁。渡辺は、中世を一種の「楽園」として描出した網野史学に対し、それを戦後左翼的な幻想の反映に過ぎないと論駁しているが、この是非はともかく、網野的な中世評価が広く賛同者を集めたことが、近世に対する安易な批判を生んだことも否定し得ない。
2 前掲書、一二頁。
3 小川晴久「実心実学とは何か、その視点」、小川晴久編『実心実学の発見　いま甦る江戸期の思想』（論創社・二〇〇六年）、八～一二頁。
4 石田梅岩『都鄙問答』、柴田實編『石田梅岩全集（上）』（清文堂出版・一九五六年）所収、七一頁。
5 柴田實『石田梅岩』（吉川弘文館・一九六二年）、一二五頁。
6 石田梅岩『斉家論』、前掲『石田梅岩全集（上）』所収、二一二頁。
7 同書、二一二～二一五頁。
8 同書、一九五頁。

9　『石田先生事蹟』、前掲『石田梅岩全集（下）』所収、六二二頁。
10　前掲『斉家論』、一八九頁。
11　同書、一九二頁。
12　同書、一九六頁。
13　石川謙『心学　江戸の庶民哲学』（日本経済新聞社・一九六四年）、九八頁。引用に際し、一部、ルビと傍点を省略した。
14　川口浩『江戸時代の経済思想　「経済主体」の生成』（勁草書房・一九九二年）、三四一〜三四二頁。
15　石川謙『石門心学史の研究』（岩波書店・一九三八年）、七五頁。同書よりの引用に関しては、一部、旧漢字を現代的表記に改めた箇所がある。
16　前掲『斉家論』、二二三頁。
17　同書、二一五〜二一六頁。
18　同書、二一六頁。
19　同書、二一六〜二一七頁。
20　同書、二一九頁。
21　同書、二二三頁。
22　前掲『都鄙問答』、一一四頁。
23　柴田實「石門心学について」、柴田實校注『日本思想大系42　石門心学』（岩波書店・一九七一年）所収、四七〇頁。
24　これは例えば、同じく心学的傾向を強く保持していた陽明学との比較を為せば、明らかなところである。
25　前掲『都鄙問答』、一五一頁。

第三章　石門心学史における手島堵庵の思想的位相
――外形的制約からの決別と「本心」――

水は強弱にあらず、湿乾にあらず、冷暖にあらず、有無にあらず、迷悟にあらざるなり。こりては金剛よりもかたし、たれかこれをやぶらん。融じては乳水よりもやはらかなり、たれかこれをやぶらん。しかあればすなわち、現成所有の功徳をあやしむことあたはず。しばらく十方の水を十方にして著眼看すべき時節を参学すべし。人天の水をみるときのみの参学にあらず、水の水をみる参学あり、水の水を修証するゆゑに。水の水を道著する参究あり、自己の自己に相逢する通路を現成せしむべし。他己の他己を参徹する活路を進退すべし、跳出すべし。

――道元著、水野弥穂子校注『正法眼蔵（二）』（岩波書店・一九九〇年）、一九一～一九二頁。

第一節　堵庵の今日的評価

江戸中期以降に隆盛をみた石門心学とは、いうまでもなく丹波国桑田郡東懸村で生を受け、京都で活躍した石田梅岩《いしだばいがん》（一六八五～一七四四年／貞享二～延享元年）をその創始者とする実践哲学の一派である。経済倫理思想を前面に打ち出すことを特色とするこの学派は、ゆえにこそ、京都、加えて大坂の町人階級に最も速やかに、広く普及することとなった。しかしながら、石門心学が、全国的に、かつ階級の隔てなく親しまれるようになるためには、梅岩の正統後継者、手島堵庵《てしまとあん》（一七一八～一七八六年／享保三～天明六年）が学派を統率する時代を待たねばならない。『手島堵庵全集』の序に、柴田寅三郎は次のように認めている。

> 享保の昔石田梅岩先生に依つて唱導せられた心学の教が、以来殆ど全国に普及し、二百年後の今日に至るまで、道統連綿として絶ゆることなく、世道人心の上に多大の裨益を与えつつあるは、吾国の教化史上著明の事実である。而して心学が是の如き発達を遂げた因由は、其の教旨の直截平明にして、時代民心の要求に適応する処があつたからではあるが、其れと同時に手島堵庵先生の力が与つて多きに居ることを知らねばならぬ。[1]

梅岩の教説が「直截平明」であったかどうかは議論の分かれるところであるが、「時代民心の要求に適応する処があつた」との説明には、全面的な賛意を表さなければならない。特段の根拠なく、商行為を卑賤なものと捉える人々に対し、その公共性を高らかに唱え、階級の別はあっても、その価値には隔てなしと説いた梅岩の思想は、時代の要求を満たしつつ、確かな先進性をも保持するものに違いなかった。彼に師事した手島堵庵は、石門心学二世として、当然ながら石門心学のさらなる普及という任をその両肩に負う。そして、結果として、堵庵が石門心学普及に果たした役割は、後ほど触れる通り、周囲の予想も期待も遥かに凌ぐほどのものであった。柴田寅三郎が「手島堵庵先生の力が与つて多きに居ることを知らねばならぬ」というのは、この卓抜した仕事に対する評価であると考えるべきであろう。

しかし一方、堵庵の石門心学という思想自体への貢献に関しては、一般的にみて、必ずしも高い評価が下されている訳ではない。ある程度以上の価値的中立性を持つ『日本思想史辞典』を紐解けば、手島堵庵の項にはこのような記述がみえる。

> 師説の眼目であった〈性〉を知るを〈本心〉を知ると言い換えた点は、平易化というより梅岩の思想を矮小化し卑俗化したものと評されている。[2]

堵庵の思想が、師である梅岩を受け継ぐ内実を持つものだとすることに、異を唱える者はいない。しかし、その心学継承という手続きに当たっては、変更が加えられた点があった。それは例えば、『坐談随筆《ざだんずいひつ》』や『知心弁疑《ちしんべんぎ》』、あるいは『前訓《ぜんくん》』、『会友大旨《かいゆうたいし》』、『朝倉新話《あさくらしんわ》』など、いずれの著作に触れても明らかであるが、叙述の難易度が梅岩のそれに比して明らかに低いことである。これを万人にとって理解を容易くするものと捉えるか、ただ難度の高い議論を切り捨ててしまった、あるいはその内容を変更してしまったと捉えるかによって、評価は大いに変わってくる。現在においても支配的な見解は、上記引用文の通り、堵庵が梅岩の思想を「矮小化し卑俗化した」とするものであり、それを象徴するものとして、心学修養の到達点を「性の知覚」から「本心を知ること」に変更した事実が、頻繁に挙げられる。そして、堵庵の思想を、梅岩のそれを矮小化したものと捉える人々の多くは、堵庵の理解が不足していたというより、石門心学普及に向けた打算的措置であると難じるのである。『日本思想史辞典』には、先ほど引いた箇所に続けて、次のような説明がみられる。

しかし、このことが梅岩在世中には京坂地方にとどまっていた教勢を全国的なものに拡大し、江戸時代後半の百数十年にわたって多大な社会的機能を心学に発揮させる出発点であったことは否定できない。[3]

石門心学の普及を推し進めるために、最も有効的かつ安易な策は、長期の学問的鍛錬を経ていない層に対しても、教説が理解できるものとなるよう、記述を変更することである。例えば、梅岩の主著『都鄙問答』であれば、儒学書に全く触れたことのない人々にとっても理解できるものかというと、これは極めて厳しいとせざるを得ない。この内容をそのまま維持しつつ、門下生を増加させようと試みるのは、無策な力業であろう。しかし、叙述を平明に改めるならばまだしも、難しい論点を切り落として、内容自体を変更してしまっては、教化の意義は消失してしまう。これによって石門心学を学ぶ者が増えたとしても、それはまさに表面上のみの話であり、石門心学が多くの人々に解され、親しまれたことには、全くもってなるまい。

上記のように、堵庵が梅岩の教説を、心学の門下生を増加する目的で卑俗化したのであれば、彼の思想的意義は極めて低く止まるものとなろう[4]。しかし、単純に考えてみても、矮小化し、卑俗化した思想が、それだけで人心を掴むとするのは、極めて奇妙な議論ではなかろうか。堵庵が打ち出した思想のどこかに、時代的な需要があってこそ、それを学ぶことを希求する人々が増えたとするのが、自然な理路であると思われる。そこで本章においては、堵庵の思想が当時の多くの人々に受け容れられたという、歴史的事実を前提とした上で、そこにいかなる意図や問題が沈潜しているのかを論じてみたい。その際には、「性の知覚」から「本心を知ること」へのいい換えはもちろん、堵庵思想が真に梅岩のそれを矮小化したものであるか否か、一つの視角から考えてみるつもりである。この視角とはすなわち、前章において提示したそれであり、端的にいえば、梅岩が「形《カタチ》ニ由《ヨル》ノ心《ココロ》」と呼ぶ、独自の存在論と、そこから派生する修養方法に関するものである。

第二節　堵庵の人生と石門心学の普及

手島堵庵の思想内容を検討するに先駆けて、彼自身の人生を簡単に振り返っておきたい[5]。梅岩より三三歳下の堵庵は、一七一八（享保三）年に、京都の豪商・上河家に生まれる。名は信《まこと》、別名・喬房《たかふさ》。屋号は近江屋であり、俗称は近江屋源右衛門、後に嘉左衛門となる。なお、時の将軍は、享保の改革で名高い八代将軍・徳川吉宗（一六八四〜一七五一年／貞享元〜宝暦元年）であった。堵庵の父・宗義は高い教養を持つ人物であり、当時の商人の意識を映した『商人夜話草』なる著作も確認できる。一二歳で父を、一七歳で母を亡くした堵庵は、一八歳のときに梅岩に入門したと伝えられる。ちなみに、梅岩の弟子であった斎藤全門《さいとうぜんもん》（一七〇〇〜一七六一年／元禄一三〜宝暦一一年）は、堵庵の父・宗義の知己であった。

梅岩に入門して二年後、堵庵は「発明」の境地に到達、「性の知覚」に至ったとされる。師が没した後は、家業に専念するものの、先輩弟子たちが相次いで逝去したことを受け、一七六〇（宝暦一〇）年、四二歳にして初めて講席を設けることとなった。以後、心学の教化と普及に注力した堵庵は、自身の講席を開き、著述活動にも励みつつ、心学講舎の設立や、講義方法の統一化などで、数多くの実績を挙げた。なお、堵庵が学徒に許した書は、四書、『近思録』、『小学』、『都鄙問答《とひもんどう》』、『斉家論《せいかろん》』のみである。[6] 生涯に著した書は二〇以上。堵庵の心学普及活動の特徴に関しては、石川謙の次の解説が過不足なく伝えてくれる。

堵庵自らの遊説にもまして更に重要なことは、彼れの養成した道友が、或は彼れの命により或は自ら奮起して、道を四方に伝へたことであつた。一体、堵庵門下には非常に多くの人材が輩出したのであつて、全門・以直と雖もこの点では遠く及ばなかつた。[7]

また、堵庵の教化・普及活動の力強さや規模は、数字や地名で確認しても圧巻である。

梅岩の時代には、聴衆はせいぜい四、五十人であったが、このころには、多きは三、四百人、まれには千人におよぶこともあった。堵庵みずからが足跡を残した土地は、七ヵ国十四都邑、会輔団体の数は六十一団体で、十四ヵ国、三都、四十九ヵ町村にわたっている。天明五年までに、心学講舎の設立せられたものは二十二舎で、とくに、大阪には、明誠舎、倚衡舎、静安舎、恭寛舎の四舎が、江戸には、参前舎、慎行舎の二舎が設けられた。[8]

堵庵は直系の弟子として、布施松翁《ふせしょうおう》（一七二五〜一七八四年／享保一〇〜天明四年）、中沢道二《なかざわどうに》（一七二五〜一八〇三年／享保一〇〜享和三年）、脇坂義堂《わきさかぎどう》（生年不詳〜一八一八年／文政元年）などを輩出しているが、特に道二は、江戸における武士階級への石門心学普及に一役買った人物であり、その意味においても、学派における堵庵の存在は極めて大きいといわなくてはなるまい。そして、四半世紀以上の心学普及活動の後、一七八六（天明六）年、堵庵は浮腫を病み、六九歳でこの世を去る。彼の葬送の様子は、江戸後期の歌人である伴蒿蹊《ばんこうけい》（一七三三〜一八〇六年／享保一八〜文化三年）が、一七九〇（寛政二）年に刊行した著作『近世畸人伝』に、このように記している。

> 去年歿せる時も、遠近四方、葬に趣くもの、千をもて算ふ。其居より黒谷に及て、二十有余丁斗、道路の間、往来是がために狭く、先だちて至り、後れていそぎ、終日、人立こみしも、近世僧俗の間、聞こと稀なる所也。[9]

石門心学の歴史を語る際、梅岩に次いで重要な人物として堵庵を推すことが躊躇われないのは、極めて短く整理した彼の生涯を一瞥するだけでも、得心されるところであろう。石門心学を生み落としたのが梅岩であれば、それを立派に育て上げたのは、他ならぬ堵庵その人というべきである。

第三節　堵庵における「性」と「本心」

石門心学伝道者としての堵庵は、その歴史において冠絶しているが、一方で思想的評価が低く止まっているのは、何より卑俗化、すなわち学的鍛錬を経ていない民衆に、ある意味迎合した心学を再編したと捉えられているがためであった。そのことを確認するためには、周囲の解釈や評価は一旦捨て措いて、堵庵本人の言葉を追うのが正解であろう。一七七三（安永二）年に成立した『知心弁疑』に収められている一つ目の問いに対して、堵庵は次のように答えている。

我が師都鄙問答に孟子尽心者知性の説に従ひ用ゆる事をいへり。知本心は則知性と同じ。性は理にして諭しがたし。故に知本心と説のみ。中庸は性によつて説き、大学は心によつて説く。心は体用をかねて説くゆへ、人達するにちかし。譬ば孔夫子の時に教へ給ふは、薬にたとふるに、人参を用ひて人の元気を引たつるに似たり。既に孟子に至りては、尽心知性の説あるは人参及びがたく、熊胆を用ひて生気の塞れるを開き、無事にかへすごとし。[10]

梅岩は心学の境地として「性の知覚」を説いたが、堵庵がいう「本心を知ること」は、それと内容的に同一であるという。では、何ゆえにこのいい換えを為したのかというと、単に「性は理にして諭しがたし」、つまり「性」はそのまま「理」であり、常人にとって理解するのが困難であるため、という。これは、まさしく後世の評価、すなわち堵庵は梅岩の説を簡易化した、ということを示す証拠であろう。しかし、この簡易化が、矮小化、卑俗化と同等であるかというと、それはまた別箇の問題としなくてはならない。仮に結果が同じであり、「人達するにちかし」という効果があるならば、これは矮小化どころか、むしろ洗練というべきであろう。堵庵が、孔子や孟子を例に挙げて説明していることから解されるように、本人はまさしくこの意味で変更を施したと考えていることも、容易に察せられる。

引き続き、堵庵の思想の性質を見極めるため、『知心弁疑』の言葉を追ってみたい。

人皆性善也。本心を知るは善に移るの根本也。聖門善に移らざるを下愚とす。若本心を知らば何の悪人といふ事かこれあらん。いか程の善にもすすむべし。奸曲深刻なる気質にて人をも殺しかねぬ者も、一度本心を知る時は善にうつりやすし。たとひ其後本心をうしなひたるに似たりとも、先は人を害せぬ程にはなりぬべし。又かりにも人を打擲する程の気質は、拳を握り歯をかみても人を打ぬほどには変ずる也。何人にもあれ必一等は変ずべし。然れば大なる益ならずや。これ本心の明蔽ひがたく、性善の力剛なるしるしなり。[11]

「本心を知ること」は、本来の善なる「性」に立ち返ることに繋がり、結果として人自体も善なる在り様となる。つまり、「本心を知ること」の効用は、何より修養者本人の改善にこそある、としてよかろう。もちろん、それは最終的には社会全体を善導することに帰結するはずであるが、心学の徒、一人一人に意識される、あるいは意識を強いることではない。つまり、堵庵の心学は、この限られた情報からしても、社会思想というより、個人の救済を目的とした教説と思われても不思議ではない側面がある。ゆえに、次のような疑問が呈せられても一向に不思議はない。

私頃日、盤桂和尚の法語といふものを見ましたが、とんとこなたの説せらるるとおなじ事のやうで、ありがたう思ひまする。それで精出して、くりかえしくりかえし見ようと思ひますけど、もしこなたの説せらるる所と違ひまして、見て為にわるいやら、そこが分りませぬ。見て為にわるいとおもはしやらば、こふでわるいとか、おなじ事ならばこふこふじやによつて、おなじ事じやといふ事を、和尚のやうに、ひらたう我々がききよきやうに、はなしてきかさツしやれイ。[12]

当時の状況を考えれば、人倫を説く儒学に対し、個人の苦悩を解決する寄る辺となっていたのは、仏教の言葉であった。上に引いた『坐談随筆』の言葉は、堵庵に対し投げ掛けられた質問である。質問者は、仏教の仮名法語と、堵庵の教説に内容の共通性を見出し、その感覚の正否を本人に問い質しているのである。これに対し、堵庵から発せられた回答は、次のようなものであった。

あの和尚は至極目のあいた人でござるほどに、こちのいふと少しも違やしませぬ、おなじ事でござる。しかも和尚の初発心が、明徳にふしんを立て、かれこれ苦労めされたが、廿六の歳ではじめて明徳を悟られた人でござる。則不生といふが明徳のかへ名でござるワイ。人の本心は虚霊なもので、名のつけやうがなさに、あきらかなものじやといふて、明徳と名をつけたものでござるワイ。[13]

梅岩の思想は、神仏儒の三教に老荘思想などが混入し、生まれたものと表現されることが多いが、堵庵のそれにあっても、雑種性は他の諸思想から抜き出ている。雑種性とは特権の否定であり、寛容の精神性を備えたものである。堵庵は、上記回答の中で、「本心」は明徳と同一であり、また明徳は不生の「かへ名」でもあると述べている。出自の特権性を否定し、用語の指示する対象のみを見据えるこの姿勢は、思考において高い自由度を保持していることの証左となろう。またそれは、堵庵および石門心学全般の見据える先が、テキストとしての思想の完成度ではなく、現実における効用のみであることを示している。「心学の行き方はすべて実地を履践するにある。すなわち体験を旨とする、文字学問の方は第二義」[14]と解説する鈴木大拙は、このことに関連して、次のように記している。

心学はこの点で禅宗とその帰趣を一にしていると言ってよい。仏教をひいたり、神道の事を説いたり、仏教の話をしたりするにしても、それは第二義と言って然るべきものである。肝要のところは、「言句を離れ独り得る所なり」、「得たるものは自由」なり、「手前に法を求めて後の詮議なり」、「黙して工夫せらるべし」、「是はいかに、これはいかにと、日夜暮に困むうちに、忽然として聞きたる、その時の嬉しさ、喩へていはば、死たる親の蘇生、再び来り玉ふとも其楽にも劣らじ」など、この種の文字を探ればいくらでも出てくる。心学は思想だけの学問ではないのである。それでまずこれを心に得て、それから古今の文字に照らし合わすので、自ら囚えられぬところがある。[15]

なお、堵庵が「本心」を明徳であり、一念《いちねん》不《ふ》生《しょう》でもあるとしているのは、次のような確たる理由があってのことである。

> 其虚なといふはどのようなものぞといへば、不生でゐるをいひますワイ。霊といふは霊明なといふ事でござつて、不生で何事でも埒のあかぬ事はござらぬ。見るも、聞も、動も、知るも、みな念をおこさずに一つもすまぬ事はござらぬ所で、ふしぎ奇妙にあきらかなといふことで、霊明といひますワイ。[16]

堵庵が「本心」と呼ぶものは、実に「虚霊なもの」であり、名前を付けるのは本来容易いことではない。自分は「本心」と呼んでいるが、それは取り敢えずのことであって、指示するものが同じと考えられる、明徳であっても、不生であっても、聞く者が理解できるならばどれでも結構である。堵庵の説明は、つまりこのようなものであった。

ところで、堵庵が「性」と「本心」を自覚的にいい換えていたことはすでにみた通りだが、彼はその二者を全く同一のものと捉えていたのであろうか。それを考察するために、堵庵による「本心」と「性」との比較に関する議論を検討しておきたい。次に引くのは、『朝倉新話』（一七八〇年／安永九年刊）からの一節である。

本心といへば性と何も異たことはござらぬハイ。性といへばとつと心の根本で天のままの所でござつて、是を天理といひます。其天理を人の身に具へていまする所でそこを性といひますハイ。したが此性はいひあらはされぬものでござつて、少しでも顕れました所は情といひますハイ。又つひ心といひますりや、善心もあり悪心もござれども、本の字をつけて本心といひますりや、根本の性の通にあらはるる心ゆへ、皆善心のことに成まして、性と何もかはる事はござらぬハイ。[17]

「性」とは、現実態である「心」の根源であり、「天」からもたらされた「理」をその内に宿すものである。この「性」が、我々の認識可能な現実世界に顔を覗かせ、働くとき、それはいわゆる「情」と呼ばれるものとなる。このような「性」や「理」の説明に関しては、梅岩と何ら変わるところがなく、儒学、殊に朱子学から捻りなく受け継いだものと捉えて問題なかろう。「性」の働きを「情」とすることに関しても、全くもって堵庵の独創ではない。しかし、「心」と「本心」に関しては、まさに彼特有の使用法が提示されている。「本心」、すなわち真の「心」とは、「性」がそのままに現れたものであるがゆえに、それは必然的に善である。こう考えるならば、「本心」と「性」は同じものとする説明にも、無理は存しないといえよう。

ならば、やはり堵庵は「本心」と「性」に、いかなる差異も感じ取っておらず、ただ耳馴染みが良く、解し易い語として、「本心」の使用に踏み切ったとしてよいのであろうか。

これを水にたとへていふて見よなら、水は冷ふ清ひものでござつて能物をうつしまする。又ながれて高ひかたへはゆきませず、方器に入ますりや方になり、円器に入りますりや円うなる。此様々の道理をふくみ具へていますけども、其道理はどうも出して見せられませぬ。其見せられぬ所は性でござるハイ。其水の様々あらはれた働きを合わせていふ時本心といひますハイ。[18]

『朝倉新話』におけるこの箇所は、堵庵を理解する上で極めて重要である。直前を含め、他の箇所では「性」と「本心」は同一と主張し続けているにも拘らず、「本心」を水の比喩で説明する上掲箇所のみにおいて、堵庵は「性」と「本心」の違いを明らかにするのである。

「性」は道理であり、水でいうならば、四角の容器に入れば四角に、円形の容器に入れば円形になる、その性質自体を指すものであり、抽象的な要素であるがゆえに、当然ながら人の目にみせることのできるものではない。しかし「本心」は、同じ譬えでいえば、「水の様々あらはれた働きを合わせていふ」ものであり、より端的にいうならば、働きを内在した水そのものである。この「本心」は、我々の目に映ずる、現実世界で活躍するものに他ならない。このことを知れば、「性」から「本心」への変更とは、石門心学の形而上学的要素を減ずる営為に相当することが理解されよう。

なお、今日に至るまでの堵庵思想の評価を決定付けたのは、石川謙の『石門心学史の研究』であり、次の一節はそれを集約したものである。同書においても、やはり「性」から「本心」への変更をして、梅岩と堵庵との最大の相違点と捉えている。


堵庵の「本心」の説そのものは、心学思想界に一新次元を画して、以来心学の標的は本心の発明にありとの通念を一般の世人にまで広く扶植した程であつて、従つて又心学を完全に人間学にまで作直し、所謂修行を主観的な唯心論的な精神修養にまで限ることにさへ運んで行つた。ここに心学原理の簡易化が見られ、普及史上我れ等が興隆時代前期と呼ぶところの教勢伸張期到来の契機の重要な一つが窺はれる。然し又同時に、性を本心に置換したことによつて堵庵は、宇宙の原理、社会組織の原理を批判し説明する足場を失つてしまつて、専ら処世上の心得一般を、主観の方面から説き得るだけになつてしまつた。「形に由る心」から出立して社会秩序の機構を批判して痛烈骨を刺すものがあつた梅巌《ママ》の堂々たる風貌と陣容とは、今や堵庵に望むべくもなかつた[19]。

「性を本心に置換したこと」は、先の水の譬えに触れれば、これはもはや単なるいい換えではないことが明らかとなる。堵庵が目論んだのは、石川のいう通り、梅岩の教説を「人間学にまで作直」すことにあったというべきであろう。しかしこれを「心学原理の簡易化」とするのは、いかにしても根拠を欠いてはいまいか。人間学への作り直しは、「心学原理の簡易化」の作業ではなく、明らかに性質の転換である。そして、この性質の転換は、実は堵庵が独断で実行したものではなく、梅岩その人から受け継いだとみるのが、思想史学的視角からは自然であろうと思われる。

第四節　堵庵思想と『斉家論』

前章にて論じた通り、梅岩の『都鄙問答』と『斉家論』の間には、従来指摘されることのなかった差異が見出される。それは、「形ニ由ノ心」という言葉で表現される、独特な性理学の有無である。『都鄙問答』において議論の基盤に据えられていた、この神秘的な存在論は、『斉家論』においてはすっかり姿を潜めてしまっている。もう少々厳密にいうならば、『斉家論』では「形ニ由ノ心」を抜きにして、梅岩の心学が完結してしまっているのである。なお、「形ニ由ノ心」とは、現実的外形と「心」、すなわち「性」の一致を説く教説であり、結果的に修養の方法を、自身の現実的外形によりながら進めるそれに限定してしまうものである。

梅岩のいう「形」は、職分であり、身分である。彼は四民の間に質的な差異を認定しない意味において、先進的とされることがある。しかしながら、四民の別自体は積極的に認める立場を採っており、ゆえにこそ「形ニ由ノ心」は心学の基盤となり得たのである。商人は商人という外形が天の思し召しであることを知り、それに依拠しながら、性理に接近する。同様に、武士は武士という外形を、農民は農民という外形によりながら、修養に励まねばならない。これが、『都鄙問答』における、梅岩の考え方であった。

それに対して『斉家論』においては、修養方法を単に「倹約」であると説く。この「倹約」は、通常いわれる節約の意ではなく、梅岩特有の使用が為されているもので、多分に道徳的な要素を含んだ語と知らなくてはならない。

予云倹約は、只衣服財器の事のみにあらず。惣て私曲なく、心を正ふするやうに教たき志なり。[20]

この「倹約」の道徳的側面を遂行するためには、「正直」であることが求められ、「正直」たるには、「名聞利欲を離る」[21]ことが必要とされる。名聞利欲、すなわち私欲から脱することこそが、当該書において、性理に至る修養方法と説かれるのである。

堵庵が設定する「本心を知ること」という到達点は、明らかに『斉家論』の梅岩を敷衍している。「性」なる語を外したのは、何を措いても、まず人間の内面と世界原理を切り離す目的があってのことと解するべきであろう。人間学として石門心学を再編する意識があるならば、「形ニ由ノ心」と無縁でいられない「性」の語を使用することは、大いに躊躇われて然るべきである。逆井孝仁は、これらに関して次のように整理している。

堵庵の絶対的規範としての「本心」提起は必然的であった。彼をとりまく「田沼期」の現実は、梅岩の元禄・享保期とは比較にならぬ社会的、経済的矛盾の深化になやまされ、幕藩支配秩序に対する民衆の違和感は頂点に達するほどであった。それは彼に、どこまでも現存社会を前提としてしかも民衆の主体的参加のもとに理想的秩序を求めた先師梅岩の「理」＝「性」という把握すら見失わせるほど激しいものであった。彼はそこに生れた「理」＝規範と「心」＝自己の不一致を自己陶冶・自己練磨の不足・怠惰の結果と考えてその克服を自らの内面に必死に追い求め、血縁的原理にもとづく心の至善性・絶対性に依拠した「本心」発明の主観的いとなみのなかでそれを一挙に解決しようとしたのである。[22]

実質的に、田沼意次（一七一九〜一七八八年／享保四〜天明八年）の治世となった、一七六七（明和四）年から一七八六（天明六）年までの二〇年間は、汚職と賄賂に塗れた時代とされることが多く、その評価はともあれ、事実として物価の大幅な高騰などにより、民衆は苦しい生活を強いられた期間であった。この厳しい現実の中で、社会体制を積極的に評価する教説は、例えば経済と日々密接な関わりがあった町人たちに、抵抗なく受容されるものであったか大いに疑問である。堵庵が、「格物窮理」にも近い「形ニ由ノ心」、および「性」と距離を置いたことは、時代的な要因も大いにあったとすべきであろう。こう考えるならば、梅岩も堵庵も、共に時代からの要請に極めて敏感であったと理解できる。

なお、梅岩がいうところの「私曲」がない状態は、堵庵においては「私案なし」なる語で表現されている。ただし、両者は結果的に同一の状態を導くものの、「私曲」と「私案」自体が意味的に同一ではないということには、注意しなければならない。「私曲」がないのは、名聞利欲から離れた状態を指すものと解されようが、「私案なし」に関しては、さらに広く、全ての心的な作為から離脱した状態、とでも表現すべきものを意味している。

此方の私案といふは安排布置の事でござつて、何事も此方から作意するをいひますハイ。何事も私ごとは皆私案でござるハイ。また本心を知ふと思ひ修行するうちに本心は如此ものじやの如彼ものじやのと色々に思ふは皆私案でござるハイ。[23]

ところで、堵庵は「私案」と同じ読みである「思案」という語も用いているが、この二語は意味においても強い関連性がある。端的に述べるならば、思案とは私の営為であり、よって「私案」そのものともいえるからである。つまり、「本心を知ること」を実現するには、「私案」と「思案」、この両者を共に排除する必要があると考えてよい。次に引く鈴木大拙の言葉には、「本心」と「私案／思案」の関係が、極めて簡明に整理されている。

堵庵の中心思想は、「本心」と「私案」または「思案」とを峻別して、本心を的確に握らしめんとするところにありといってよかろうと思います。思案なしというのは、はからいなしの意で、そこに本心が動き出すのです。私案は「按排布置」の義で、「何事も此方から作意するのをいひます」とあるからには、これは自力のはからいに外ならぬのです。本心は水の流るるようなもので、仏の誓い、仏のお命の、さらさらと何にも拘泥するところのないのと同じだと言えます。「詩三百思無邪」で、この邪のないところ、これを無心の境地と心得て然るべしであります。[24]

外形から学的修養を切り離す作業は、先に逆井の指摘でみた通り、全ての責任を自己の内部に押し込めることに繋がり、これは極めて厳しい道徳的態度、姿勢を強いるものとなろう。しかし同時に、制約としての外形から、自己を解放することにも繋がる。職分と身分を寄る辺として自己を掘り下げ、性理に至る『都鄙問答』の哲学は、自己と世界との一体化を待望する意味において、精神的な救済を予感させる性質を帯びていた。しかし、職分／身分を所与とした点で、現状肯定的かつ思考停止の道徳論であり、自立性に乏しいと糾弾されるべき側面があったといわなくてはならない。私欲を捨て去り、「正直」を貫き通す、つまり絶えざる「倹約」に励むことで、性理に到達するという『斉家論』の思想は、最終的に天人の合一を目標とする点では変化がないものの、職分／身分を肯定する必然性が消失した点で、時代的制約から自由な思想となった。

堵庵はこれをさらに押し進めつつ、しかし最終的な安楽の地と距離を置いた哲理を創出する。「私案」のない、一念不生の状態が「本心」であるが、「本心」は「性」や「理」そのものではない。水の譬えを再度想起するならば、水が形を変えたり、あるいは高所から低所に流れ落ちたりする道理が、「性」である。これに対し、「本心」はその道理が宿った水そのものであった。これによって、心の平静が約束された天人合一の境地は消失し、厳然たる現実そのものの中で蠢く他、人にとっての生きる道はないものとなる。これを希望の喪失と捉えるのは、明らかに早計であろう。堵庵の思想は、人間の自立性を期待し、保障するそれと、理解されなければならない。そして少なくとも、この困難に満ちた思想的営為を、矮小化あるいは卑俗化と断じるのは、大いなる的外れという他なかろう。

第五節　堵庵思想と社会

堵庵の思想は、梅岩のそれより一層の心学的傾向を強めて成立したものといえ、自己内部への視線、すなわち内省を修養の要とする。そのことは一見、個人をして、紐帯である社会組織への関心を失わせ、例えば共同体改善への意欲を収奪してしまうものに映ずるかも知れない。例えば、丸山眞男の認識は、まさに上記のようなものであった。

梅巖《ママ》の思想のまとっているこうした二つの性格―庶民の〈für sich〉的自覚と、支配的倫理の通俗化―のうち、梅巖《ママ》以後の石門心学の巨大な発展は、ひたすら後者のモメントの成長として現われたのである。すなわち、彼の死後、手島堵庵、中沢道二、柴田鳩翁等々にとって心学がいわゆる道話として近世後期に著しく普及し、全国的に広くかつ根強い地盤を作り上げるに至ったとき、梅巖《ママ》に於ける啓蒙性―町人生活の自己主張的な面は全く背面に退き、その内容はますます一般的な、漠然とすべての人間に通用する観念的教説となり（従ってそのトレーガーも広汎となり武士や農民も加わってくる）、それによって封建的支配と封建的倫理への奴隷的な屈従性を決定的に強化した。[25]

梅岩の教説に、町人階級に対しての啓蒙の効果があったことは、否定できるものではない。「商人の買利と武士の禄を同じ」とする『都鄙問答』の主張は、賤商観を正面から打破し、それどころか四民の平等性までを高らかに訴えるものであった。しかし、繰り返し指摘するように、梅岩の思想が「形ニ由ノ心」に下支えされている以上、体制への異議申し立てを推進するような性質は、一切持ち合わせていないことも知らねばならない。「町人生活の自己主張的な面」はもちろん備えていたが、それは飽くまで「町人生活」に限定されたもので、その町人という階級そのものへの疑念、四民の別を創出した社会的枠組への思想的挑戦は、叶うべくもなかった。

堵庵の教説が「支配的倫理の通俗化」に当たるとするのも、無理が存する議論である。むしろ、体制の枠組と距離を置く道徳論は、支配的倫理に対し防壁を築くものと解されるのが自然であろう。個人の自律性を涵養する堵庵思想を、「封建的支配と封建的倫理への奴隷的な屈従性を決定的に強化」したものと捉えるのも、根拠に乏しい。丸山は、堵庵の思想が梅岩に比して明確に内省的傾向を強めたことに不満を呈しているように思われるが、これはいうなれば、心学全般に関する誤解とすべきものであろう。「すべての人間に通用する観念的教説」と断ずるのも、形而上学的な彼岸に救済を求めない堵庵の考えに対して、有効な批判とはなり得ていない。

また、先と同じく講義録によると、丸山は次のようにも考えていたようである。

それでも始祖石田梅巌《ママ》などに於ては、商業利潤の道理化によって、商業活動に倫理的基礎を与えようとした努力が看取されるが、その梅巌《ママ》に於ける「商人の買利は士の禄に同じ、何を以て商人を賤しめ嫌ふことぞや」という僅かに見られる矜持は、やがて奥田頼杖、手島堵庵、柴田鳩翁らによる心学の普及の過程に於て見るかげもなく失われ、天下の御政道に背かず万事分限に過ぎぬよう「我を捨て」ることをひたすら強調し、人間的自覚を抑圧して封建的秩序への卑屈な従属を教説する通俗イデオロギーへと展開していった。[26]

梅岩から堵庵への継承に関してのみでも、石門心学が商人を含む町人哲学を超越していくのは、明白に観察できる。しかし、これをもって、町人の誇りと自己主張が石門心学から失われ、体制に屈従する哲理に堕したとするのは、余りに単純であろう。ここでは堵庵が頻繁に使用する「私案／思案なし」ではなく、「我を捨て」るが選ばれ、石門心学二世以降が批判の俎上に上げられているが、彼らのいう「私案」や我は、決して個人の自由意志を指しているのではないことを理解する必要がある。殊に、堵庵は言葉のみから察すると、まるで人間の自主性を放棄しているかのように思われることがあるが、それは多くの場合、単純な誤解である。

例えば、「私案／思案なし」とも関連がある「有るべかかり」なる語を堵庵は語るが、これは現状肯定の意味を持つものでは決してない。

茶碗は茶わんなか誠しや、茶碗を茶碗しやといふはしれた事しやと皆思はしやろか、其しれた有ルへかかりか本の誠てこさる。[27]

ここでいう「有るべかかり」は、「生まれ付き通り」の意であり、現状ありのままを肯定する語ではない。「本心を知ること」によって道徳的完成に至るとするのが堵庵の心学であるが、「本心」は元々人間に備わっているものであり、「有るべかかり」のそれを発現させるために必要なのは、「本心」を覆った「私案／思案」を打ち捨てることに他ならない。彼の心学は、よって次のような社会思想ともなり得る。

各自が、本心を発明し、自己の体験を反省して、自己完成を期し、それによって、世の中の和合を実現しようというのが、堵庵心学の目標であった。[28]

個人の救済に重きを置いた思想は、往々にして社会体制の在り様に対する具体的な、あるいは抽象的なものであっても、何らかの提言を投げ掛けようとしない場合がある。しかし、それをもって、思考停止かつ現状追認の思想であると非難するのは、決して正しい解釈とはいえない。仮に社会体制の変更を目標に据える思想であっても、個々人の変化を通じて、結果的にそれを実現していこうと考えることもあろう。堵庵の思想は、まさしくこの型に当てはまるものであり、優れて社会思想的性格を持つものであったと結論付けてよい。

職分や身分といった外形に依存することなく、強制的な教化を退け、飽くまで自らで自らを律する個人の在り様を、此岸において実現する。すなわち、仏道のような出家を要求せず、家業に勤しみつつ、内省によって自己の完成を目指す堵庵の思想は、よって必然的に近代に向けて開かれたものとなった。家業に従事するのは、それが性理の反映であるというよりは、何より現実的に生を営むための条件として、欠くべからざるものであるがゆえ、といえよう。堵庵の思想によって、自立した精神と、自由の感覚を獲得できた者が数多く存在したことは、『近世畸人伝』の中に描かれた、堵庵葬送の模様を想起すれば、納得されるはずである。

注

1 手島堵庵著・柴田實編『増補　手島堵庵全集』（清文堂・一九七三年）、序一頁。
2 山本眞功「手島堵庵」、子安宣邦監修『日本思想史辞典』（ぺりかん社・二〇〇一年）所収、三六七頁。
3 同書、同頁。
4 手島堵庵の思想に関する研究が現在においても極めて少数なのは、まさしくこの理由からであろう。
5 堵庵の人生に関しては、前掲『増補　手島堵庵全集』、手島堵庵著・白石正邦編『手島堵庵心学集』（岩波書店・一九三四年)、石川謙『石門心学史の研究』(岩波書店・一九三八年)、竹中靖一『石門心学の経済思想　増補版』(ミネルヴァ書房・一九七二年)、前掲『日本思想史辞典』などを参考とした。
6 手島堵庵『会友大旨』、前掲『増補　手島堵庵全集』所収、一〇〇頁。
7 前掲『石門心学史の研究』、二七〇頁。
8 前掲『石門心学の経済思想　増補版』、四五五頁。
9 伴蒿蹊著・中野三敏校注『近世畸人伝』(中央公論新社・二〇〇五年)、二一五頁。
10 手島堵庵『知心弁疑』、前掲『増補　手島堵庵全集』所収、三五頁。
11 同書、三九頁。
12 手島堵庵『坐談随筆』、前掲『増補　手島堵庵全集』所収、二一頁。
13 同書、同頁。
14 鈴木大拙『無心ということ』(角川書店・二〇〇七年)、一六八頁。
15 同書、一六九頁。
16 前掲『坐談随筆』、二一〜二二頁。
17 手島堵庵『朝倉新話』、前掲『増補　手島堵庵全集』所収、二四八頁。
18 同書、同頁。
19 前掲『石門心学史の研究』、九三〜九四頁。
20 石田梅岩『斉家論』、柴田實編『石田梅岩全集(上)』(清文堂出版・一九五六年)所収、二二三頁。
21 同書、二一九頁。
22 逆井孝仁「石門心学における実践倫理の転回　梅岩から堵庵へ」、今井淳・山本眞功編『石門心学の思想』(ぺりかん社・二〇〇六年)所収、一四二頁。

23 前掲『朝倉新話』、二四九頁。
24 前掲『無心ということ』、一五九頁。
25 丸山眞男『丸山眞男講義録　第一冊』（東京大学出版会・一九九八年）、一九五～一九六頁。
26 同書、二六一頁。
27 手島堵庵『論語講義』、前掲『増補　手島堵庵全集』所収、四六五頁。
28 前掲『石門心学の経済思想　増補版』、四八四～四八五頁。

第四章　中沢道二の心学にみる存在論的転回——石門心学の隆盛とその真因——

もろもろの倫理的な卓越性ないしは徳というものは、決して本性的に、おのずからわれわれのうちに生じてくるものでないことは明らかであろう。けだし、本性的におのずから然るところのものは、およそいかなるものといえども、それとは別の仕方に習慣づけられることのできないものなのであって、たとえば千万度上方へ投げられたからとて、上昇するように習慣づけられることはできないし、また火が下降するように習慣づけられることもできず、その他、およそ何らか一定の本性を有しているいかなるものもそれと異なった仕方に習慣づけられることはできない。これらの倫理的な卓越性ないしは徳は、だから、本性的に生れてくるわけでもなく、さりとてまた本性に背いて生ずるのでもなく、かえって、われわれは本性的にこれらの卓越性（アレテー）を受けいれるべくできているのであり、ただ、習慣づけ（エトス）によってはじめて、このようなわれわれが完成されるにいたるのである。

——アリストテレス著、高田三郎訳『ニコマコス倫理学（上）』（岩波書店・一九七一年）、五五～五六頁。

第一節　「梅岩―堵庵―道二」という系譜

およそ思想なるものは、個々に程度は異なろうとも、必然的に様々な種の環境から影響を受けて作り上げられる。思想家の個人的な境遇に始まり、地理的制約や時代的背景に至るまで、影響を及ぼし得る事象は枚挙に暇がない。しかし、思想史学が特段に重要視するのは、時間的な先行思想と後続思想の関係である。思想というものは、ほぼ例外なく、自身より先に姿を成したそれから、大なり小なり要素を受け取り、生育する。一見、先行者を完全に覆したように思われる思想も、反発し、打破することによって、一種の継承を行っているのである。前を走っていた思想を知らずして組み上げられたそれと、前を走っていた思想を否定して組み上げられたそれとを比較すれば、これは容易に解されるところであろう。

多くの思想家は、他の学問の専門家同様、全く独自の成果を出したいと希求するはずである。しかしながら、過去の思想、殊に一定の支持を得ていたそれを徹頭徹尾否定するのは、極めて困難であり、また意義のある営為でもない。名を成した思想には、必ず美点があり、同時に改めるべき箇所もある。よって、思慮深い思想家が取り組むのは、継承と批判の同時作業となる。思想史が最も輝くのは、この批判的継承が巧みに達成されている場合である。例えば、古代ギリシアの「ソクラテス―プラトン―アリストテレス」という系譜が、思想史において一つの理想と認められるのは、まさしくこの理由においてである。
上の視点を持ち込んだとき、石門心学は、まるで思想史学によって腑分けされることを待望しているかのような様態を呈していることがわかる。創始者・石田梅岩《いしだばいがん》（一六八五〜一七四四年／貞享二〜延享元年）から、手島堵庵《てしまとあん》（一七一八〜一七八六年／享保三〜天明六年）への流れは、批判的継承が成功した好例であろう。先を走る師への畏敬と、闊達にして奔放なる理性。「性の知覚」を目指した梅岩心学を咀嚼、吸収しながらも、「形《カタチ》ニ由《ヨル》ノ心《ココロ》」の一節に表れる性理学を切り離し、より一層内省的傾向を強め、解放的な哲学を作り上げた人こそ、堵庵であった。そして、この堵庵に続く中沢道二《なかざわどうに》（一七二五〜一八〇三年／享保一〇〜享和三年）は、「梅岩—堵庵」にみられる群を抜く批判的継承を、「堵庵—道二」においても達成せんとするのである。堵庵の心学を徹底的に解した上で、適宜変更を加え、新規の体系に組み上げた道二哲学の力強さは、地理的のみならず階級的境界までも打破するという、教化面における著しい成果に現れた。

安永七年夏（西暦一七七八年）、商用によつて江戸へ出た道二は望まるる儘に諸方で道話を試みて名声を四方に博した。翌八年三月、歳五十五にして堵庵の命を奉じて関東布教の重任を負ひ、植村嘉兵衛と相携へて再び江戸に下り、日本橋は通塩町なる炭屋源蔵方に旅装を解いた。出府後の道二等の活動は目覚ましいものがあつて、心学の普及は燎原を焼く火の勢ひを以て、江戸の内外、社会の上下に行き亙つた。丁度一年後の天明元年四月には播磨山崎の藩主本多肥後守忠可の入門修行を見たのである。[1]

石門心学は、『斉家論《せいかろん》』（一七四四年／延享元年刊）において教化を最前面に打ち出して以来、堵庵、道二と引き継がれる中で、その目的をより迅速かつ適切に達成できるよう、改変を繰り返した。それはいわゆる大衆への迎合ではなく、万人に通用する哲学として研磨されゆく過程であったといえる。そして、道二が成し遂げた教化面の成果は、上に引いた石川謙の言葉が示すように、実に画期的なものであった。殊に、世の指導者であった武士階級に心学を広めたことは、特筆に値しよう。

しかしながら、堵庵の場合と同じく、道二の思想的評価は決して高いものとはいい難い。次の文章は一九七一年に記されたものであるが、それから四〇年以上経過した現在においても、大きく異議が唱えられることなく、通用するものではなかろうか。

堵庵から洪水・道二へといよいよ民衆教化にその主眼をおくようになった心学は、その思想内容としては、もはやほとんど何ら新しい発展も見せなかった。しかし天明・寛政期各地に次ぎつぎと開設された講舎を中心に、それはますますひろく、あらゆる階層の間にひろまって行った。心学のいわば教義ともいうべきものが比較的簡単で、何びとも特別の修練を経ることなく、その世俗の職業に従事したままで容易にその「本心を発明し」三舎の印鑑を受けて講師となることができたので、諸方に数多くの心学者が輩出し、席を設けて人々の前で道話を行ない、また種々平易な教訓書を書き著わしてこれを頒布した。その結果は学祖の思想をさらに深めるとか、これに新なるものを加えるとかいうよりも、ただその趣旨を敷衍し、解説するか、あるいはこれを借用して一層卑俗化するに過ぎぬものとならざるをえない[2]。

ここでいわれているのは、次の通りである。すなわち、教化の成功の裏にあったのは、教説の簡易化と卑俗化であって、学祖・梅岩の思想が広く解されて石門心学の門下生が増加した訳ではない、ということである。そして、上に挙げられている上河淇水《うえかわきすい》（一七四八～一八一七年／寛永元～文化一四年）や道二の思想には、新規の要素がほとんど認められず、むしろそれは石門心学卑俗化の発端というべきものであった、と批判されているのである。

現在の学界の評価を反映した『日本思想史辞典』にも、次のような記述がみえる。

堵庵に始まる梅岩教学の平易化は、道二による〈道話〉の完成によって到達点に達し、その社会的影響力はさらに大きなものとなった[3]。

ここでは、道二はおろか、堵庵までもが石門心学を平易化した人物とされているが、堵庵の紡いだ思想が、心学の単なる平易化や、ましてや卑俗化とは全く異なる性質を持つものであることは、前章において論じた通りであり、ここで繰り返すことは避けたい。しかし、この解説に明らかなように、今に至っても、「堵庵―道二」という系譜が、教化の成功の裏に思想の卑俗化を隠したものとして捉えられていることは、余りにも重要である。果たしてこの認識は、正当なものといえるのか。また、不当であるとするなら、それはいかなる理由においてといえるのか。

本章は、石門心学史における中沢道二の思想的成果を、「梅岩―堵庵」よりの継承関係を重んじながら、検討するものである。そして、ここで明らかにされるのは、すでに記した通り、「堵庵―道二」という系統で展開された心学は、万人に通用する「新しい哲学」として研磨されたものである、ということになろう。研磨されたということは、思想的に新しい発展が存したことを意味する。このことは、道二のいう「道」との関連で、明らかにされるはずである。なお、ここで採用されるのは、極めて思想史学的な接近ではあるが、その際、純粋に客観的な方法は原理的にあり得ない。個々の思想内容という「点」はある程度客観的に限定できても、それらを繋ぐ「線」は、まさに論者の数だけ存在するがゆえ、である。本章は、梅岩、堵庵に関する三つの章に続いて、近代、あるいは近代性という明確な視点から、石門心学を考察する試みともいえる。

第二節　道二の人生と教化活動

中沢道二の人生を概観すると、梅岩と堵庵に共通する一つの、そして大きな特徴がみて取れる。それは、実業との深い関わりであり、町民社会との確かな繋がりである。道二も梅岩や堵庵と同じく、人生の大半を実業に従事しながら過ごし、人生も後半期に入ってから、いわゆる思想家としての活動を開始している。これは石門心学の独自性であると同時に、時代的特質であったとも表現できよう。貨幣経済が本格的に勃興する江戸中期以降の日本において、経済観念が抜け落ちた社会思想に、説得力は備わり得なかったためである。

梅岩が講席を初めて設けたのは、四五歳のとき（一七二九年／享保一四年）であり、その弟子・堵庵のそれは四二歳のとき（一七六〇年／宝暦一〇年）であった。両者共、その年齢に至るまで商業に従事し、現実の社会、殊に経済の中で揉まれて生きてきたのである。そして道二に関しては、堵庵の門下に入ったのが明和の末か安永の初め頃であり、この時点で齢は四〇を軽く超えていた。道二はそれまで（そして入門以降も暫くは）、家業の機織業によって自身の生活を支えていたと伝えられる。「梅岩―堵庵―道二」による心学は、生々しい迫力に満ちているが、その理由は彼ら自身が歩んだ人生にも起因するといえよう。

それでは、道二の思想を論ずる前に、彼の人生を概観しておこう。[4]

道二は一七二五（享保一〇）年に、京都の上京新町一条通で誕生した。なお、これは梅岩より四〇歳、堵庵よりは七歳下に当たる。名は義道《よしみち》、俗称は久兵衛《きゅうべえ》で、屋号が亀屋であったことから亀屋久兵衛と呼ばれた。なお、道二は五五歳で剃髪してよりの号である。道二の生家は大変に貧しく、彼に十分に教育を受けさせる余裕がなかったが、父母共に篤く日蓮宗を信仰していたことから、幼少時より厳しく躾られていたといわれる。一二歳になった彼は、同じく日蓮宗を信じる同業の家に丁稚奉公に出るが、ある冬に寒さの余り体調を崩し、結果として遺尿症を患ってしまう。この件で主人に相談を持ち掛けた道二は、立品寺の日像上人作鬼子母神への参詣を薦められたそうである。このとき、果たして霊験なるものが依存するのは、祀られる神仏の功徳なのか、それとも祈願する者の誠心なのか、激しく思い悩んだという。この疑問は、貧しい暮らしと共に、道二を前半生、一貫して悩まし続けるのであるが、これこそが後に、彼を心学の道に進める原動力ともなった。

道二が学問の道に入る契機となるのが、一七六五（明和二）年に参加した、西山等持院の東嶺禅師の法席である。ここにおいて悟るところのあった彼は、翌年には東寺の霊源禅師に謁し、「妙法発明の趣」を提して称賛を得たといわれる。そして、道二が遂に堵庵と縁を持つことになるのは、生涯の友となる布《ふ》施松翁《せしょうおう》（一七二五〜一七八四年／享保一〇〜天明四年）を介してであった。すでに、透徹した哲学を自身の中に得ていた道二ではあったが、堵庵が教示した心学によって、それはさらに強化され、説得力を増すこととなる。堵庵の道二に対する評価は、入門後ほどなくして、道二を自身の代講として諸方に出向かせたという事実が物語っている。

石門心学の歴史にとっても一つの画期となる道二の江戸下向は、まずは彼の商用に伴って為された。時は一七七八（安永七）年夏、江戸に出向いた道二は、請われるままに道話を講し、相当に好評を博したとされている。道二の講席は、その内容の秀逸さのみならず、話術の巧みさにおいても特徴付けられるもので、それは後に門下生たちの手で編まれた道話集においても十分に確認できるものであった。

道二が正式に江戸布教の任を帯びるのは、翌年三月のことで、この時点で彼の年齢は五五に達していた。当時において十分に老齢であった道二ながら、この後の活躍は驚異的といえるものがある。彼が遊説した国の数は二〇、都市の数は四〇にも及び、また、著名な江戸の参前舎をはじめとして、道二とその門下生によって設立された心学舎は、八ヶ国に跨る二四舎にまで至ることとなるのである[5]。そして、注目すべきは、ただそれらの数が多かったということのみではない。先にみたように、播磨山崎の藩主・本多肥後守忠可をはじめ、道二は門下に、多くの上流武家を抱えることとなる。竹中靖一は、このことに関連して、次のように説明している。

> 江戸における心学教化の特色は、いうまでもなく、武家階級への浸透であった。講舎の設立にも、武家の後援があり、参前舎の敷地のごときも、その地代金は上流武家の負担するところであったが、講舎運営の責任者である都講も、江戸三舎は、武家方と町方との両者から構成されていた。京都の三舎

や、大阪の五舎は、いずれも、町方都講ばかりであったのと、いちじるしい対照をなすものである。[6]
最終的に、道二の門下生となった諸侯は、一九藩にわたる二九侯に上り、[7]彼によって石門心学は文字通り隆盛の時代を迎えた。梅岩の初の講席から半世紀以上が経過して、その心学は遂に社会の上層まで浸透することに成功したのである。しかし、彼が指導者階級たる武士たちばかりに関心を払っていた訳ではないことも、頭に留め置いておかなければなるまい。

道二の教化活動に関して最も注目すべきは、以上叙し来つた二点―心学を上流武家階級にまで浸潤せしめたることと、心学教化を広く天下に普及せしめたこととの二点のみではなかつた。女流門人浅井きをを通して、一橋家・紀州家の奥女中を初めとして、千代田城大奥深くにまで心学を浸潤せしめ、更に松平定信の内意と目鏡とに叶つて佃島なる人足寄場に教諭方となり、その創立当初より解体に至るまでの凡そ七十年を、幕府の此の教化施設に参与するの端を開いた。[8]

道二にとっての教化とは、まさしく境界や障壁を打ち崩す活動であったといえよう。階級、性差、そして一般人と犯罪者や浮浪者との境界。江戸の世において、万人と分け隔てなく接触し、さらには「心」を通じ合わせることがいかに困難であったか、想像を絶するものがある。しかし、五五歳に至ってから江戸を中心に、時には京都にも戻り教化活動を続けた道二は、一八〇三（享和三）年参前舎にて没するまで、様々な境遇の人々を引き付け、心学の真髄を叩き込んだのであった。

これはもちろん、道二が精力的であったこともあろうが、それのみならず、彼の説く心学が、その人の境遇を選ばず心を打つ性質であったためと考えるのが自然であろう。道二の心学は、彼が確立した道話なる形式で講じられたのであるが、この内容を検討することによって、彼の教化活動が成功した秘密も探ってみたい。もちろん、その際には、「梅岩―堵庵」と受け継がれた思想内容との比較も為されることとなる。

第三節　道二思想における「道」

道二の思想を検討する上で何より肝要となる作業は、彼の号にもみえる「道」なる言葉に込められた意味を把握することにある。彼は道話と呼ばれる講釈方法を完成させるのであるが、これも「道」を、聴講する人々全員に、解し易く説くためであった。もちろん、道話自体は堵庵も用いていた方法であったが、その完成度を極限まで高め、有効性を広く認知させたのは道二その人といわなくてはならない。

心学といえば道話、道話といえば心学が思い合わされ、心学道話とかさねて、世間では、石門心学と同義語に用いられている。『大言海』や『国語大辞典』でも、心学と道話とを同一視する解釈をとっている。このような通念ができ、「道話」という教化の一方法が、「心学」を代表するかと思わせるにいたったのは、中沢道二のときからである。[9]

なお、「道」という語を頻用することに関しては、道二独自のものではなく、むしろ江戸時代を通して、極めて普通のことであった。尾藤正英は、このことについて次のように説明している。

江戸時代の思想界の主流をなしたのは、儒学・国学および神道であったが、それらに共通していたのは、「道」の探求、すなわち人がいかに生きるべきかの原則ないし原理としての「道」を明らかにすることを、中心的な目標としている点であった。このような意味での「道」の探求が思想上の主要な課題とされるにいたったのは、ひとつには儒学、とくに朱子学の思想の影響によるものであった。朱子学をふくむ宋学が、一名を「道学」ともよばれたように、「道」の研究は、その学問上・思想上の特色をなすものであったからである。[10]

道二のいう「道」も、「人がいかに生きるべきかの原則ないし原理」なのであるが、「いかに」の部分に、石門心学ならではの特徴と、それに加えて道二の独自性が滲んでいることに注意しなくてはなるまい。これを精確に知るには、道二自身の説明に触れるのが最良であろうが、彼は生前、著作を一冊たりとも刊行することがなかった。おそらくそれは、書物ではなく、直接の講話こそが、心学の何たるかを最も有効に伝える手段であるとの信念あってのことであろう。しかし幸いにも、彼の教説の内容は、門下生たちが聴き取り、編んだ道話集に生々しく記録されており、我々はそれによって道二思想を窺い知ることができるのである。

そこで、ここからは道二の道話集に触れながら、彼の思想、殊に彼のいう「道」の中身に迫ってみたい。初めに引くのは、一七九五（寛政七）年に刊行された『道二翁道話初篇』の冒頭に記された言葉である。

天地の常とは則ち道の事でござります。天の心といふは、一切万物人間禽獣草木に至るまで、皆天の心なるゆへ、夜が明けるとちうちうかうかう、梅の木に梅の花が咲き、柿の木に柿の出来るも皆天の功用じや。けれど天は目に見えぬ、影形もなく無心なれど、平等一枚万物に普くして、此れやうに動き詰じやによつて、一切万物の造化するは、悉く天の働。[11]

冒頭にみえる「天地の常」とは、端的に述べれば、「世界における不変の法則（あるいは道徳）」程度の意味であろう。そして、この不変の法則は、目にはみえない「天」によってもたらされたものであり、これによって夜が明けて鳥が鳴いたり、特定の木に特定の花が咲いたり、実が生ったりする、と道二はいうのである。つまり、我々が目にする「自然」とは、「天」というみえない、しかし巨大な力によって支配されたものということであろう。この世界説明には、特段の独創性は確認できず、むしろ儒学者をはじめ、当時の思想家の多くに共有されていたものに近い。

しかし、上の「天地の常」に続いて語られる事項には、やや特異な感を漂わせる箇所が存在する。

天と万物と一体なるゆへ、釈迦如来も孔子様も、千石万石の殿様も、賤しい銘々どもも、蚤も鯨も、犬も猫も雁も鴨も、皆天の生じた土じや。其生じた土が形の通りしてゐるが則ち道じや。といふことでござります。道とは何ぞ、雀はちうちう、烏はかあかあ、鳶は鳶の道、鳩は鳩の道。君子其位に素して行ふ。外に願ひ求めはない。その形地の通り勤めてゐるを天地和合の道といふ。[12]

ここで何より気にならざるを得ないのが、前半にある「皆天の生じた土」という言及部分である。現実世界をみると、様々な動物があり植物があり、それればかりでなく、人間にも様々な種類がある。平民がいれば、大名もおり、愚者がいれば、釈迦や孔子もいる。しかし、これらは全て同源であり、道二の言葉を借りれば、元は「土」というのである。

もちろん、現実の姿は、全て「天」の力によって為されたということから考えて、現実態に何らかの意味や理由は備わっていよう。事実、道二は「道」とは「形」に従うことであると断言する。これは、梅岩の「形ニ由ノ心」の説を踏襲したものに相違ない。しかし、道二の説明の独自性は、形相ではなく、質料に説明の力点を移した点にこそある。梅岩の教説と一見同じようでありながら、「形」ではなく、「土」をより強調することで、結果的に大きく内容を変転させてしまっているのである。先に引いた箇所でいうならば、釈迦や孔子と、犬猫が同じ質料によって作り上げられている、と自信満々に説く道二を前にして、聴講生たちの間に驚きの表情が広がらなかったことを想像するのは難しい。

道二が、自身の教説において質料たる「土」を重んじるのは、次の箇所をみれば、普く存在が「平等一枚」であることを思い知らせるためであると判明する。

> 人は天を心として形は土じや。焼けば灰、埋めれば土。上々様でも、御大名様方でも、我々共も乞食もゑたも、一切万物一体。犬も猫も熊も魚も鳥も、草木はいふに及ばず、一切天の化したのじや。悉皆土の化ものじや。土に二ツはない。御姫様の土じやとて伽羅の匂ひもせず、奴の土じやとて尻からげてもいぬ。平等一枚土に隔はない。[13]

四民の別が厳格に存した江戸の世にあって、生けとし生きるものは、「土」で作られ、「土」に還る、いうなれば「土」の化け物に過ぎず、その意味で全ての存在は平等であるとする道二の主張は、極めて先進的なものであったといわなくてはなるまい。梅岩は、四民それぞれに役割があり、それぞれがその役割を果たすことによって社会が成立するとの主張から、四民の平等性を強く説いた。それに対し道二は、役割以前に、「土」から形作られている意味において、四民に別はないというのである。

例えば、時代的特権を享受していた武士たちが、この道二の話を聞いて反発するであろうか。もちろん、そういう反応も一部にはあったであろう。しかし、心学徒たる道二が解決しようとするのは、社会的問題というよりも、個人的なそれであり、人の属性に左右されない、生にまつわる普遍的な悩みであった。よって、武士であろうと、男性であろうと女性であろうと、道二の講話は、苦悩する個の「心」に響くものであったはずである。そこに、心学の強みがあり、道二が様々な境界を超え出て、広く深く受け容れられた秘密が存する。

なお、道二の直感に訴え掛ける存在論は、仏教の無常観や、場合によっては因縁生起を思い起こさせるものといえよう。それは、彼の来歴を思い出せば、決して無理のないことである。竹中靖一は、次のように指摘している。

一言つけ加えておきたいことは、道二の思想が、神道、儒道、仏道すべてにわたっており、この三教が道として一つであるという梅岩いらいの伝統をついでいるけれども、思想の内容についても、表現方法においても、仏教的色彩が濃厚であることである。（中略）かれが、日蓮宗の家に生まれ、心学の門に入るまえに、禅学のふかい修行をつんでいたことを思うならば、当然のことである。[14]

仏教は、内実的にも語彙的にも、道二の思想にとって肝要なものといってよかったが、だがしかし、他の、例えば神道や儒学よりも仏教が優れたものであるとは全くもって考えてはいなかった。仏教は、飽くまで真の理に接近するための方法であり、神道や儒学によって、同一の効果が得られるのであれば、道二にとっては、どれを用いてもよかったのである。これは、三教など既存の思想体系を、「心の磨種《とぎぐさ》」に過ぎないものとした、梅岩と全く同一の姿勢である。一七九六（寛永八）年に刊行された『道二翁道話二篇』における次の講話に触れるならば、そのことは明らかになるであろう。

道とは何んぞ。心の事じや。神道と云ふも心の事、佛道といふも、儒道といふも、心の事じや。儒道では放心といふ。佛家では迷ひといふ。放心といふより、迷ひといふが、子供衆や女中方の耳なれてござるゆへ、迷ひといふが知れよい。扨此教といふは、何んにも外の事ではない。此迷ひといふ事があるゆへに、聖人佛が此教を御立てなされたものじや。[15]

江戸期の思想状況を素描するならば、公的な局面に適用される哲理は儒学、私的なそれに関しては仏教から供されることが常であった。よって、人が苦悩を抱えた際、寄る辺となるのは、疑いなく仏教の方である。道二は「子供衆や女中方の耳なれてござるゆへ、迷ひといふが知れよい」と話しているが、これはその理由からである。堵庵から受け継いだ心学を、そのまま人々に教え伝えるのであれば、人の本来の「心」、すなわち「本心」を散逸することを「放心」と表現する方が適当であろう。しかし、儒学から得た用語を使用するよりも、より一般的な「迷い」という語を使用した方が、解し易いのであれば、道二はそれを選ぶことを一切躊躇しない。彼の中で、三教に優劣などなく、また選択される用語の優先順位は、ただ教化に対する有効性のみで判定されていることが、よく伝わる事例である。

そして、上記箇所で判明するのは、道二の心学とは、万人を苦悩から救済することを第一義としている、ということである。もちろん、梅岩の時代から、石門心学とは人々に確かな生の指針を付与するものであった。しかし、彼の場合、当時明らかに不当な扱いを受けていた商行為を、哲学的に正しく評価することに注力したがゆえに、人々の私的領域に即時的に切り込む性質の教説を構築したとはいい難かった。あるいは、梅岩の思想は、社会哲学を前提としての人生指南であったがため、ある程度の学問的素地がなければ、個人的な苦悩を解消する教えとなることが困難であったともいえよう。それに対し、堵庵は、社会の分析を措いて、直接的に人の心の問題に取り組んだが、この路線をさらに推し進めたのが、道二の思想としてよい。

第四節　道二思想における「礼」

ただし、道二が眼前に広がる世の有り様を無視して、専ら「心」の問題のみに閉じ篭った訳ではないことも、知っておく必要があろう。

「悉皆土の化もの」として、四民のみならず、全ての存在に決して本質的優劣がないことを彼が明言していたのは、すでにみた通りである。そして、この全存在が平等であるとの主張は、表現を変えて、何度も繰り返し道二の教説に表れることになる。

死んだらどんなものじや。ちやうど寝たやうなものじや。寝た時何んぞ覚へてゐるか、何にもしらぬ。天地と一体といふも、起きてゐるときの推量じや。寝た時は何んにも覚へてはゐぬ。どんなものでも消えてゐるなり。夜の八ツ時分には、釈迦も孔子も熊坂長範も、銘々共も、乞食もゑたも、猫も犬も猿も鹿も、丸で虚空じや。消えたと同じものじや。寝たときは三千世界が丸で虚空じや。これは天皇様の寝た虚空じやの、是は乞食の消えた虚空じやのと、別に虚空に塀切りはない。平等一枚。[16]

上記箇所では、先の「土」に代えて、「虚空」を全存在の質料として語っている。それにしても、ここまで意識的に身分を挙げ、それらは本質的に平等なのであると力説する言葉が、幕藩体制のただ中から発せられたものであると知ると、誰しも驚嘆せずにはいられまい。なお、全ての存在にとっての本源を「虚空」と呼び表すのは、師である堵庵から受けた影響によるものであろう。堵庵は、朱子学によりながら、「本心」を虚霊不昧なものと捉えたが[17]、道二の上記教説は、ほとんどこれのいい換えと捉えてよい。

しかし、いかに全ての存在が同源であり、四民に質的な差異が認められないのだとしても、人が自身の在り様を無視して生を営んではならないと、道二はいう。先にも指摘した通り、これは「形ニ由ノ心」の考え方と同じである。道二は、人が「形」の通りに在らなくてはならないことを、次のようなわかり易い譬えで説いている。

心は天で目に見へぬけれど、法はからだの中に備りてある。法は道じや。五本の指でも親指は親指の妙法、小指は小指の妙法、動くは法、動かすは妙。親指は親指の通りするが親指の道。小指は小指の通りするが小指の道。何んにもしらぬちいさい子でも、アレののさんと親指つき出す子もない。何んぼ親指でも人さし指の道は勤まらぬ。人差指は人差指の通り勤むりが人さし指の道。[18]

人が正しく在るために、あるいは苦悩から解放されるためにも、必要なのは「道に従うこと」である。ところで、その「道」は、自然が自然たるごとく、「世界における不変の法則（あるいは道徳）」であるが、それは当然ながら抽象性の高いものである以上、誰もが把握できるような性質のものではない。そこで道二は、親指が親指として、人差し指が人差し指として働くことを挙げ、「道」は現実態に反映されることを力説するのである。この「道」に関しては、次に引く竹中靖一の説明が優れた補足となろう。

道二は、「生きた学問」をもとめるがゆえに、すべてを具体的に理解しようとした。道は先験的なものではあるが、同時に、内在的なものであるから、経験的に理解できるものでなければならない。[19]

「経験的に理解できる」ということは、「道」には、現実を頼りに接近できるということでもある。これは、梅岩のように、身分と不可分である職分を全うすることで果たされるのであろうか。このことを判断するには、一八四四（天保一五）年に刊行された『道二翁道話続編二編』よりの言葉をみる必要がある。

道は御銘々の腹の内に備つて居る。道は邇にあり、而るを遠に求む。事は易に在り、而るを難に求む。人々其親を親とし、其の長を長として、天下平か也で、儒道佛道神道の書物も、皆道を説いたもの、何も外の教ではない。その親を親とし、上は上、下は下、大は大、小は小とするが、即ち礼。随分下からは上を上として、敬ひて少しも仰せを背かず、又上たる人からは、下のものに慈悲や情をかけて、憐み恵むが礼。[20]

つまり、「道」に従うためには、「礼」を遵守することが必要となる。「礼」とは現実態における関係性の尊重に繋がるが、これは現実態が人の精神を規定している、という話とは微妙に異なることに注意したい。道二が、四民とは本来的に同源であり、平等であると説いていることは、先にみた通りである。彼が「礼」を重要視するのは、これを契機として、「世界における不変の法則（あるいは道徳）」に肉薄できると考えているからに他なるまい。逆にいうならば、ここでいわれているのは、現実的外形は飽くまで「道」を知る契機であるということのみであり、それ以上のものではない。

上の「礼」とも関連するが、石門心学の伝統に則り、道二は家業に関しても重要な教説を展開している。こちらも、「礼」同様、「道」を捉えるための、極めて重要な示唆を含んでいる。

おのがなす業、朝から晩までの家業が、直に如来の行き道じや。夫を知らぬ故、我勝手ばつかり思ひ付き、悪い事を仕イ仕イ、南無阿弥陀佛南無阿弥陀佛と。たんと毒食うて、ちいと毒消しねぶつたとて、利かう筈はない。何の役にたたぬ事じや。朝に道を聞いて夕に死すとも可なり。道は近きにあり、然るを遠きにもとむ。向こふに道はない、其親を親として、其長を長とす。何れにもむづかしい事はない。[21]

上の言葉は、『道二翁道話六編』（一八二四年／文政七年刊）よりのものである。家業に勤しむこと、それがすなわち「道」であって、それ以外の場所にあるものではない。日々、自分の為すべきことを為していれば、それが「道に従うこと」になる、というのである。これもまた、自らの現実的外形を契機として「道」に近付けることを示すものといえる。

道二は人間の実体を「骸」なる語で指し示しているが、この「骸」とは、身分を含む属性全て、すなわち現実態そのものを意味するものと捉えるのが適切であると思われる。しかしながら、人間の実体を指す語として、通常死体を表す「骸」を選ぶのが、道二の思想家としての個性ともいえよう。

本心を知るといふも外の事でない。骸のない事を知るのじや。此身此まま骸は有りながら世話にならぬ。ハアスウハアスウも入らぬ。第一死ぬるという世話がない。大体重宝なものじやない。永い未来といふも死んだ先の事じやない。心の事じや。腹の中は六十万億那由多恒河沙由旬両眼四大海の如しと。大きな佛さまじや。是が目に見へぬゆへ暗から暗、去りとては暗い暗い佛法睫毛じやぞ。神道睫毛、儒道まつげ、あまり近うて見付けざりけり。是が見へぬ故目が明くと、何がほしいかがほしい、どういふたが済まぬ、こういふたが聞へぬと、ハアスウハアスウ。皆此骸が有るゆへじや。[22]

現実的外形は、人が苦悩する全ての原因である。しかし、「骸」は真なる実在ではなく、我々が目にするところ全ては、仮象でしかない。この議論は、全ての存在の始原は「土」である、というところから一貫しているといえよう。「骸」と「道」、あるいは後に触れるように「心」は、道二の思想において全くの別物に捉えられている訳であるが、「天」が「骸」に影響を及ぼしていることから考えて、「骸」を学ぶことから「道」に迫ることもできると考えられる。その在り様は、「礼」の遵守とも表現できよう。ただし、真の「道」は、ただ「礼」を守り抜くことのみでは知覚できず、「心学の力がないとねつから見へぬ」[23]と、道二は強調するのである。

第五節　道二思想の独自性

道二思想の独自性を明らかにするためには、梅岩の性理学との異同を、より明確にしておく必要があろう。

梅岩のいう「形ニ由ノ心」とは、端的にいえば外形と心の一致を説く存在論である。「性」を知覚するためには、自身の外形を認め、これを手掛かりに精神の内奥と、そこに込められた世界原理に迫らねばならない。より具体的には、現実的外形たる職分と身分に相応しい生活を送り、その中で私欲を打ち消しながら、五倫の「道」を実践することが、梅岩の心学、中でも『都鄙問答《とひもんどう》』（一七三九年／元文四年刊）

で語られるそれにとって、最も肝要な修養となる。

これに対して、道二は「礼」を強調しながらも、現実的外形に関しては、それを必然的なものとして評価することがない。四民どころか、天皇であろうと、四民よりさらに下に作られた身分であろうと、犬であろうと猫であろうと、元は「虚空」であり、質料は同じ「土」に過ぎないというのである。家業に勤しむことを奨励し、自身の外形に相応しく生きるようにと説く道二であるが、「心」と現実的外形たる「骸」に相関性があるとは考えてはいないようである。一見似ているようで、梅岩の「形ニ由ノ心」と、道二の存在論は、実のところ全くの別物であると知らなくてはなるまい。

それでは、何ゆえに道二は「礼」を強調するのであろうか。『道二翁道話続編二編』には、このような言葉が記録されている。

> その親を親とし、其長を長とし、上は上、下は下、大は大、小は小とするが、即ち礼。随分下からは上を上として、敬ひて少しも仰せを背かず、又上たる人からは、下のものに慈悲や情をかけて、憐み恵むが礼。夫婦の仲も、別を正して、夫は妻を恵み憐み、又妻からは夫を大切にして、心に背かぬやう、か様に夫婦睦まじいが礼。兄弟の仲も、兄を兄として敬ひ、弟を弟として恵み憐むが礼。礼さへ正しくすると、自然と家内和合するが礼楽の大本。[24]

最後に出た「和合」という語は、道二の哲学にとって余りにも重要である。「礼」を遵守すべきなのは、上記箇所のみから考えれば、それが「和合」という結果に繋がるがゆえ、とも読み取れよう。人倫への強い関心も、道二の思想を特徴付ける要素である。

個人が苦悩から解放される条件とは、端的にいえば、心の状態が改善されることであろう。それは、ただ自己の内奥との対話、すなわち内省のみで達成されることもある。例えば堵庵の心学は、周囲の状況を捨象して、禁欲的に内省に励むことを奨励するものであった。しかし、周囲の状況が改善されることで、個人の苦悩が軽減されることも多々あるはずである。あるいは、取り巻く環境が常に平和なものであれば、そもそも苦悩が生起することもなかろう。道二が「礼」を遵守し、「和合」を達成せんとしているのは、このように個人主義の観点からも理由付けることが可能である。

礼楽がなければ、家も国も治まりはせぬ。兎角に礼が本じや。礼は即ち五常じや。五常は即ち人の道。人ばかりではない。天にも礼はある。春夏秋冬の行はれるは天の礼じや。天何をかいふや、四時行はれ百物成るで、四季が即ち天の礼。草木の芽の出る時分には芽が出るのが礼。栗の木に栗が出来、柿の木に柿が出来るが礼。この又天地の礼が乱れるが最後、どんな騒動が出来ようやら知れぬ。[25]

道二のいう「礼」は、より限定的には、人や物の関係性や、そこに秘められた法則に対する尊重であって、現実的外形による優劣の追認とは異なる。職分に励むことが奨励されるのは、職分が素晴らしいからではなく、それに「励むこと」自体が尊いためである。現実的外形は「骸」でしかなく、関係性や法則にのみ、「天」の力や「理」が宿るためである。加えて、「礼」は五常であり、「道」でもある、と断言しているのは、関係性や法則に対する敬意が欠落してしまっては、大小問わず、全ての共同体に「和合」はないがゆえ、であろう。ここには、もちろん現実を甘受する姿勢も読み取れる。

ところで、「梅岩—堵庵」から受け継いだ、「性」や「本心」に関する教説は、道二の思想においていかに表現されているのであろうか。加えて、道二思想の中心を占める「道」と、「心」との関係はどのようなものであろうか。これについては、すでに『道二翁道話二篇』でみた通り、「道」と「心」は同一である、とするのが彼の説であった。

道二のいう道は、大自然の姿のなかに「ある道」であるとともに、人の世に当然要求される「あるべき道」であり、それが一つにつらなっている、と考えたのである。存在と当為とを一つにした道である。「道」が「心」であるというのは、このような意味である。[26]

「道」は「天」であり、「心」でもある。ゆえにこそ、「道」の実践によってのみ、心的安寧がもたらされると、道二は考えたのである。ここにおいて、彼の哲学は、日々の生活に直に寄り添うものとなる。

日々、職分に励み、「礼」を尽くすことによって、苦悩は消失し、より高次に至った「心」は、さらに充実した日常を生み出すことになろう。充実した日常とは、一言でいえば「和合」が達成された世界において可能となるものである。個人と社会は、ここにおいて接続され、人生訓であり、同時に社会思想としても成立する哲理が誕生することとなる。職分に励むことの先に救済を準備する道二哲学は、その意味でカルヴィニズムにも近い機能を持つものといえよう。

石川謙は、道二の思想の独自性を次のように簡潔に描出している。

道二は、堵庵によつて一応主観化され個人化せられた心学思想を、再び客観的な社会的な秩序そのものの中に引き戻して、新しい姿に於いて取上げて来た。梅岩の性と堵庵の本心とを、大自然と社会組織との秩序の中に融合渾一させて、そこに道二独自の「道」の哲学を創案した。[27]

「梅岩—堵庵—道二」という系譜において、石門心学がどのように性質を変えてきたのかを、そこから導かれる社会思想的効果を含めてまとめれば、次のようになろう。ちなみに、この社会思想的効果とは、近代性の基準ともなり得るものである。なお、梅岩に関しては、『都鄙問答』と『斉家論《せいかろん》』（一七四四年／延享元年刊）との間に重要な変化がみられるため、別箇に記述しておいた。

【表：「梅岩―堵庵―道二」の思想的／政治的差異】

	至るべき状態	修養の性質	社会思想的効果
石田梅岩『都鄙問答』	性の知覚	外部依存的かつ神秘的	現状肯定的
石田梅岩『斉家論』		やや内省的	やや現状肯定的
手島堵庵	本心を知る	内省的	反政治的
中沢道二	道に従う	外部依存的かつ合理的	やや革新的

『都鄙問答』における梅岩の教説は、「形ニ由ノ心」で表される神秘的存在論に下支えされたものであり、現実的外形に依拠して「性の知覚」に至ることを目指すものであるため、その修養の性質は外部依存的となり、社会思想的には現状を肯定するものとなろう。それに対し、『斉家論』の段階に至ると、「正直」であることによって「性の知覚」に至ることが説かれ、「形ニ由ノ心」が後景に退くため、修養の性質はやや内省的となり、そこから生まれる姿勢は、やや現状肯定的か、僅かに反政治的なものとなる。

梅岩から心学を受け継いだ堵庵は、心学を「主観化」かつ「個人化」したために、修養は極めて内省的なものとなる。社会に対する関心を喪失した訳ではないが、この修養の先に待つのは、反政治的な在り様であろう。時代の価値観に引きずられることが少なくなり、外形的な制約から脱せられるため、近代性は梅岩以上に高いものとなり得る。

これらの思惟を受けて、教説を作り上げた道二は、日常における勤勉と、「礼」の遵守を説きつつ、性理の感得は個人が世界秩序から学び取るものとしたところから、外部依存的な側面と内省的なそれを並存させることとなった。この教説は、現実的外形に対し、必然性を説くものではなかったため、社会体制に対する批判の力も持ち得ると捉えられよう。眼前に広がるのが「道」に反する体制であったとすれば、それに異議申し立てを行うことが十分に考えられるからである。

石門心学は、それが創始されたときから、同時代の他の思想に比して、強く近代性を帯びたものであった。その第一の理由は、何より四民の間に質的優劣がない、と強く主張したことにある。当時、最も強い学的影響力を保持していた朱子学が、博学であることを推奨し、格物窮理なる修養方法を説いたことによって、理性の自由を大きく減ずるものであったことを思い起こせば、梅岩の思想が持っていた先進性は明らかであろう。そこから、堵庵によって修正を加えられ、さらに道二によって更新された心学は、益々近代性を高め、個人の精神的自由を担保するものとなった。

天の命これを性といふは、皆人々にも一切万物にも、備てある平等一枚の性。これを手島先生は、性の名をかへて本心といはれました。本心会得しろといはれました。本心といへば人に限りますが、一切万物に備わつて居ぬものはない。私はいつでも同じことを、くり返しくり返し申しますが、此性といふは人々の肌のほかほかとあたたかいもの、此あたたかいが性で、此性に二ツはない。孔子様でも釈迦如来でも、恐れながら上々様も、我々どもも、ゐたも乞食も、牛も馬も猫も犬も、鳥獣の生あるは、皆肌がほかほか。水中の魚も、木かや草木皆同じ性。三千世界一枚の性。唐天竺でも阿蘭陀でも、津々浦々嶋々までも、一枚のもの。夫で万物一体といふ。[28]

道二の哲学が幅広く受容され、結果として石門心学の隆盛に寄与したのは、彼の言説が他ならぬ「裸の個」に向けて投げ掛けられていたことによる。人は、商人である前に、武士である前に、男である前に、女である前に、一人の、誰とも換え難い人間である。商人としての自分や、女としての自分の前に、一人の人間として思い悩む存在にとって必要とされる道徳や倫理を、道二の説く「道」は一気に提供するものであった。そしてまた重要なのは、人は誰とも違う存在であると同時に、自らに与えられた職分や身分から容易に逃れ得ないという、厳然たる事実を道二が直視していたことである。

堵庵の心学が解決できないのは、果たして現実の生において、我々はいかに振る舞うのが適切か、という問題であった。より正確には、深い内省によって到達した心的状態と、生々しい現実との間を架橋する論理が欠如していた、といってもよい。道二の哲学は、仏教的世界認識に下支えされた、個人の私的領域を救済する教説と、梅岩から受け継いだ職分観、すなわち各人が家業に勤しむことによって、社会の調和と発展が実現するという、社会理論を兼備するものであった。

道二の存在論は、全ての始原は「土」であるとする点などにおいて、梅岩のそれ同様、理屈を超えたものといえる。職分／身分の決定が、天の力によるという説明も、同じく理屈の介在を許さぬものであろう。しかし、全存在の元が同一の「土」であるならば、現実の外形である「骸」が苦悩の原因となってしまうのは、決して受け容れられることではない。現実的外形は、道二の説からいうならば、世界の調和のために作られたものとしか解せまい。万が一、外形によって調和が乱れるような事態があれば、それは打破すべき障害として認識されることになろう。

あらゆる存在の始原が「土」であるという、一見素朴かつ簡素な存在論は、最終的に社会秩序全体の見直しを迫る社会思想の基礎として機能する。この意味において、道二が編み上げた哲理は、石門心学のみならず、日本の近世思想全体にとっても、一つの転回となるものと捉えなくてはなるまい。

注

1　石川謙「解説」、石川謙校訂『道二翁道話』（岩波書店・一九三五年）所収、六頁。
2　柴田實「石門心学について」、柴田實校注『日本思想大系42　石門心学』（岩波書店・一九七一年）所収、四九〇頁。
3　山本眞功「中沢道二」、子安宣邦監修『日本思想史辞典』（ぺりかん社・二〇〇一年）所収、三九九頁。
4　道二の人生に関しては、前掲『道二翁道話』、石川謙『石門心学史の研究』（岩波書店・一九三八年）、竹中靖一『石門心学の経済思想　増補版』（ミネルヴァ書房・一九七二年）、前掲『日本思想史辞典』などを参考とした。
5　前掲『石門心学史の研究』、三八六～三九五頁。

6　前掲『石門心学の経済思想　増補版』、五三五頁。
7　前掲『石門心学史の研究』、一一〇四頁。
8　前掲「解説」、九頁。
9　前掲『石門心学の経済思想　増補版』、五五二頁。
10　尾藤正英『江戸時代とはなにか　日本史上の近世と近代』（岩波書店・二〇〇六年）、一五一頁。
11　『道二翁道話初篇』、前掲『道二翁道話』所収、二九頁。
12　同書、同頁。
13　同書、三〇頁。
14　前掲『石門心学の経済思想　増補版』、五六八頁。
15　『道二翁道話二篇』、前掲『道二翁道話』所収、五五頁。
16　同書、三九頁。
17　手島堵庵『坐談随筆』、手島堵庵著・柴田實編『増補　手島堵庵全集』（清文堂・一九七三年）所収、二一一〜二一二頁。
18　前掲『道二翁道話二篇』、四六頁。
19　前掲『石門心学の経済思想　増補版』、五六〇頁。
20　『道二翁道話続編二編』、前掲『道二翁道話』所収、二四九頁。
21　同書、二〇三頁。
22　同書、三三頁。
23　同書、五四頁。
24　前掲『道二翁道話続編二編』、二四九〜二五〇頁。

25　同書、二五三頁。
26　前掲『石門心学の経済思想　増補版』、五六四頁。
27　前掲「解説」、一一頁。
28　『道二翁道話続編四編』前掲『道二翁道話』所収、二九七頁。

第五章　布施松翁における「知足安分」の心学と老荘思想

――興隆期石門心学の一側面――

あたかも小河が何の障碍にも出会わない限りは渦をなさないように、我々も我々の意志通りに動いているすべてのものには余り気もつかず注意もしない、というのが人間並びに動物の本来の姿である。もしも我々が何かに気づくことがあるとすれば、それは即ち我々の意志通りにいっていないことがある証拠で、何らかの障碍につきあたっているに相違ないのである。

――ショウペンハウエル著、斉藤信治訳「世界の苦悩に関する教説によせる補遺」、『自殺について 他四篇』（岩波書店・一九五二年）所収、四七～四八頁。

第一節　石門心学における老荘思想

百花繚乱というべき江戸期の思想においても、雑種性という基準において石門心学と並ぶものは容易に見出すことができない。この雑種性は、創始者である石田梅岩《いしだばいがん》（一六八五～一七四四年／貞享二～延享元年）の時点からすでに確認できることであり、彼によって著された『都鄙問答《とひもんどう》』（一七三九年／元文四年刊）や、弟子たちによって編まれた『石田先生語録』には、儒学と仏教はもちろん、神道や老荘思想から影響を受けたと思わしき要素が数え切れないほど散りばめられている。例えば、梅岩の思想において最も問題となるべき「形《カタチ》ニ由《ヨル》ノ心《ココロ》」の説は、その着想を『荘子外篇《そうじがいへん》』から得たものであった。

> 夔ガ足ノ一本アルハ夔ガ心、蚿ガ百足アルハ蚿ガ心、蛇ガ足ナキハ蛇ガ心、人ニ手足アリ、目ハ横ニ、鼻ハ直ニ有テ、面目正キハ人ノ心、コノユヘニ人ニ正直ノ道アリ。其外萬物皆形ノ外ニ心ナシ。荘子彷彿ト見レ出テ曰、我云所ノ至人ハ心ナシト説モ此所ナリ。[1]

上に引いたのは、『石田先生語録』に収録された一七四三（寛保三）年六月一九日の月次の会における、梅岩の発言である。初めにある夔《キ》とは、『山海経』などに登場する中国古代の幻獣であり、足を一本しか持たないという彼らの外形と、彼らの「心」は必然的に一致するものであると、梅岩は述べる。換言するならば、夔の外形は夔の「心」を規定するのである。蚿《ムカデ》や蛇の外形と「心」も同様であり、これが人間にも適用されて、職分、そして身分と「心」の一致という結論を導くこととなる。梅岩の「形ニ由ノ心」の説とは、簡潔に表現すれば、このような存在に関する神秘的な哲学としてよい。

この「形ニ由ノ心」の説の源泉となったのは、『荘子外篇』における「秋水篇」である。

> 夔は蚿を憐（慕）い、蚿は蛇を憐い、蛇は風を憐い、風は目を憐い、目は心を憐う。夔、蚿に謂いて曰わく、吾れ一足を以て跉踔して行くも、予れ如（能）うるなし。今、子の万足を使うは、独り奈何と。蚿曰わく、然らず。子は夫の唾する者を見ざるか。噴くときは則ち大なる者は珠の如く、小なる者は霧の如く、雑りて下る者は数うるに勝うべからざるなり。今、予れは吾が天機を動かして、其の然る所以を知らずと。[2]

足が一本しかない夔は足の多い蚿を羨み、足の多い蚿は足のない蛇を羨み、蛇は形のない風を羨み、風は動かず働く目を羨み、目は内にありながら全てを見通す心を羨む。一文目は、通常このように解釈されるものである。続いているのは、足が一本ながら、それを十分に使いこなせていない夔が、足の多い蚿になぜそれをうまく使えているのか、問い掛ける場面である。これに対する蚿の答えは、「天機を動かして」いるのみである、というものであった。「其の然る所以」、すなわちなぜ足が動くのか、その理由はわからないが、自然な発動に従っていれば数多くある足も動く、ということである。

梅岩の「形ニ由ノ心」の説は、『荘子外篇』の「秋水篇」に収められた上記箇所の発想を、そのまま幕藩体制と、そこで生きる人間の理解に持ち込んだものと解されよう。夔や蚿、蛇や風や目、そして心のように、幕藩体制の下にある人間に士農工商という別はあれど、それぞれに社会的な存在意義があり、それぞれに固有の能力があるとするのが、梅岩の思想であった。ここまでに限定すれば、これは荘子の斉物《せいぶつ》思想と似通ったもののようにさえ思われるはずである。

人間が実在するものと信じている二元の対立差別は、もし人間という局限された立場を離れて、人間以外の立場にたつならば、一挙に雲散霧消してしまうにちがいない。あとに残る世界は、二元の対立がないから一つであり、差別がないから斉しくて同じである。これが「万物斉同」の説とよばれるものにほかならない。[3]

現実のあらゆる相にみられる差別を、観念的に無効化してしまうのが荘子の斉物思想である。確かにこれは、梅岩による身分の捉え方に近いもののように響くかも知れない。しかし、梅岩は身分に職分という側面を付加することによって、現実社会における差別を結果的に肯定せざるを得なくなってしまう。

「性の知覚」に向かうためには、自身の職分を全うし、その本質を正しく活かす意味での「倹約」を続けることが、彼の推奨する修養に他ならなかった。職分の肯定は、積極的か消極的かは別として、最終的には身分制度の受容に必然的に繋がる。ここにおいて、梅岩の「形ニ由ノ心」は、荘子の「万物斉同」と袂を分かつこととなるのである。

この梅岩の「形ニ由ノ心」から出発し、しかし老荘思想から受け継いだ要素を多く含んだまま思想を練り上げたのが、石門心学二世として名高い手島堵庵《てしまとあん》（一七一八～一七八六年／享保三～天明六年）に師事した、布施松翁《ふせしょうおう》（一七二五～一七八四年／享保一〇～天明四年）であった。松翁における老荘思想は、中沢道二《なかざわどうに》（一七二五～一八〇三年／享保一〇～享和三年）にとっての仏教と同じく、石門心学を自身の思想として吸収する際、最も頼りになる手掛かりであったと考えられる。なお、松翁が活躍したのは、田沼政権の下、世間が大いに不安に陥っていた時期である。通俗的な価値観に翻弄されることなく、超然とした姿勢を保持させることのできる老荘思想は、時代的にも要請されるものであったといえよう。[4]

第二節　松翁の人生と石門心学

田沼意次（一七一九～一七八八年／享保四～天明八年）が実質的な政権を掌握した期間、すなわち田沼時代（一七六七～一七八六年／明和四～天明六年）は、積極的な経済政策の裏で、賄賂が飛び交う汚職政治が蔓延し、物価高騰によって庶民は困窮するばかりだったといわれている。この時代の空気を捉えた心学思想を展開したとされる松翁とは、いかなる人生を送り、いかにして自身の思想を編み上げていった人物であったのか。まずは、彼の生涯を大きく振り返っておきたい[5]。

松翁が誕生したのは、石田梅岩のそれよりちょうど四〇年の後、一七二五（享保一〇）年のことであった。彼の生家は、京都松原通新町東入にて、松葉屋という屋号で呉服商を営んでいたようである。なお、松翁の本名は矩道《のりみち》、通称は伊右衛門であり、松翁なる号が、後に彼の継いだ松葉屋や、それがあった松原通に因んでいることは明白であろう。思想家にとって、幼少期から青年期に至る人格形成の時期に積んだ経験は、多くの場合極めて大きな意味を持つが、松翁に関してはその時期の状況を記したものが全く残っていない。それのみならず、青年期以降に関してもほとんど資料が残存していないのである。しかしながら、彼がいつ頃に石門心学の道に入ったのかに関しては、石川謙は次のように説得力のある推察をしている。

> 生涯の本拠を京都に置いたと思はれる彼が、年齢とても左程かはらぬ以直・堵庵の如くに、梅岩の直門の中に名を連ねてゐない所から推して、その石門に入つたのは梅岩の歿後（梅岩の歿年、延享元年には松翁二十歳）であつたであらうと推定される。然し、安永四年に刊行せられた堵庵の「我津衛」に、明和七年八月附（西暦一七七〇年）で序文を書いてゐるのを見ると、齢四十六歳に達した此の頃の彼は既

に堵庵の有力な門弟でもあり道友でもあつたであらう。[6]

石門心学の道に入ったのは、梅岩が没した一七四四（延享元）年より後であり、一七七〇（明和七）年には、堵庵門下においても一目置かれる心学徒になっていたということは、おそらく松翁は呉服商として十分に働いた後に石門心学に接近し、その後、大きな学的成果を上げたということになろう。『松翁道話』（一八一四年／文化一一年刊行）の序には、堵庵の養子である上河淇水《うえかわきすい》（一七四八～一八一七年／寛延元～文化一四年）によって、次のような言葉が記されている。

嘗て我石門の教を尊信して、家大人及び富岡先生に親炙して、肆に性理の蘊奥を覚悟すといふ。[7]

これを読むと、松翁の直接の師であったのは、手島堵庵と富岡以直《とみおかもちなお》（一七一七～一七八七年／享保二～天明七年）であったことが解される。松翁の石門心学における軌跡は、先の『我津衛《わがつえ》』における序文に続いて、安永二（一七七三）年刊行の『会友大旨《かいゆうたいし》』に確認することができる。この『会友大旨』には、都講すなわち塾頭として「松葉屋伊右衛門」の名が記されているが、これはもちろん松翁のことである。[8]

石門心学の教化史において最大の画期は、何を措いても一七八一（天明元）年に起こった播磨山崎の藩主・本多肥後守忠可の入門であろうが、これを実現した中沢道二を石門心学に誘ったのは、他ならぬ松翁であった。松翁が、道二を堵庵に紹介したのは明和の末から安永の初めと考えられているが、二人が何を縁として出会い、共に石門心学の道を歩むことになったのかは、彼らに関する周辺情報から推し量る他ない。

彼等二人が如何なる機縁で近付いたものか不明であるが、道二は機織を業としてゐたし、松翁は呉服悉皆を商ひしてゐたのであるから、そんな縁故からであつたかも知れない。道を求めるに熱心であつた初老同士の二人が、その事の故で相識つたのかも知らぬ。何れにしても相遇つた後の二人は互に親しい交友を続けた。堵庵門下に入つて歳月浅い道二が、間もなく代講に出向くやうになり、やがて擢んでられて関東布教の重任に当るやうになつたのは、蔭へ廻つての松翁の斡旋が有力に働いたことであらう。[9]

同じ京都で、しかも業種的に大変近いことから、松翁と道二が顔見知りになることに不自然さは見受けられない。また、幼少時より厳しい宗教教育を施され、成人した後も一貫して求道の人であった道二が、自身に似た業で日々を暮らしながらも、優れた思想家となっていた松翁と接したとき、石門心学に対しての関心を示さないことは考えにくかろう。道二が石門心学に入門した後も、そして、その世界で高い地位を得た後も、松翁を敬いながら親しい付き合いを続けていたことは、道二による本多肥後守忠可の入門を知らせる手紙が、松翁に宛てられていたことからも明白である。[10]

なお、松翁と道二、および石門心学全般に関して、蜀山人《しょくさんじん》の号で著名な狂歌師にして文人・大田南畝《おおたなんぽ》が、自身の随筆『一話一言』で次のように記している。

心学といへる事京都にて専ら流行す、享保の比京都瓦町に石田勘平といへるものありて是を弘む、勘平号は梅岩、丹波桑田郡人也。都鄙問答、斉家論を著す、門人手島堵庵といへるもの、其道を得て大きに流行す。前訓、我杖、安楽問弁、朝倉新話等を著す、その門人松ばや松翁伊右衛門、尾張屋道順、中沢道二三子を高弟とす。俗に松翁を顔回に比し道順を子貢に比し道二を子夏に比すといふ。[11]

梅岩や堵庵の著作名を挙げるなど、かなり正確かつ詳細な記述内容で、ここにおいても松翁が堵庵の絶対的な信頼をその身に受けていたことが窺える。なお、顔回は孔子に最も愛されながら、師に先立ち没した門弟だが、それに比された松翁も、師である堵庵より二年早くこの世を去っており、この意味でも極めて適切な譬えといわねばなるまい。

松翁の石門心学に関する貢献は、道二を招いたことや、地元京都での教育のみに止まるものではなかった。例えば、一七八〇（安永九）年には摂津池田へ遊説し、心学立教舎設立の契機を作り、翌年には大阪や有馬、続いて郡山や奈良にも出向き、講義を行っている。[12] このようにみるだけでも、松翁は石門心学に組織編制、教化の両面から大きく貢献した人物だと知られよう。

一七八四（天明四）年に六〇歳でこの世を去る直前まで、石門心学に身を捧げた松翁の人柄に関しては、彼から教えを受けた一人である鎌田柳泓《かまたりゅうおう》（一七五四〜一八二一年／宝暦四〜文政四年）が、『松翁道話』の跋において、次のように記している。

予若かりし時、松翁に親炙して、しばしば其教を受く。其人となり慈善懇至にして、実にありがたき君子なりき。[13]

極めて限られた情報からしか松翁の生涯を振り返ることはできないが、自らを過剰に主張せず、どちらかといえば裏に回って石門心学を支えた人物であり、柳泓が松翁を「慈善懇至」と評することにも違和感は生じ得ない。しかし、それをもって、松翁が思想的にも突出するものを持たなかったと判断するのは無理がある。むしろ、あの堵庵に学び、道二を親友に持った人物であると考えると、授けられた心学を静かに吸収し、そのまま次代に受け渡したと推察する方が、不自然というものである。

そこで、これまでにみた松翁の生涯を頭に留め置いた上で、彼の言葉が記録された文献から、彼の心学、特にその独自性を浮かび上がらせてみたい。

第三節　『松翁ひとりごと』にみる心学

過去の思想を考察する際、当然第一に触れるべきは本人の手によるテキストであろう。松翁の場合、これに相当するのは『松翁ひとりごと』（刊行年不明）と『西岡孝子儀兵衛行状聞書』（一七七〇年／明和七年刊行）の二書である。

後者『西岡孝子・儀兵衛行状聞書』は、書名通り聞書であり、内容は山城国葛野郡西岡川島村に住んでいた孝子儀兵衛の行状を記したものであって、松翁の心学を窺うことのできる書ではない。よって、彼の思想を直接知ることのできる著作は、『松翁ひとりごと』のみということになるが、これは極めて短く、しかも一見、京都から大坂までの紀行文のように思われる内容である。ただし、読み解いてみると、実はただの紀行文とはいえず、例えば活気溢れる町の描写の間に、鋭い思想的言説が挟まれており、軽い読み物とは一線を画すものと考えてよい。よって、まずはこの『松翁ひとりごと』の内容を検討しながら、彼の心学について論じてみたい。

家も建てられず田畑もならぬ地の高い所は、木をはやす役目をいひつけ、材木、薪のこしらへさせ、民のかまどのけぶり絶やさぬ御はからひぞありがたし。[14]

旅路の中で目に映じた景色を軽く描写しているように思われる上記箇所にも、極めて石門心学的な認識が滲んでいる。「家も建てられず田畑もならぬ地の高い所」は、通常は良好な土地とは捉えられないが、「木をはやす役目」を引き受けて、結果的に材木や薪を提供してくれるのであって、その意味で、家や田畑を作ることができる土地と同等に価値が存する。ここには疑いなく、このような主張が込められているのである。あらゆる事物が、それぞれ固有の役割を担って存在しているという松翁の世界認識は、この後も頻出する。

先づ目通りは米、炭、薪をつみかさね、人の力をたすけつつ、汗も涎もたらたらとながしてのぼる車牛、又肴荷は津の国の尼崎や兵庫の遠きより、すたすたいうてもてのぼる。其外青物、干物類無量の品々もちはこぶ老若男女のゆきかよひ、冬も人目のかれぬこそ、まことに花の都なれ。[15]

何の変哲もない町の描写のように思えて、ここには仏教的ともいえそうな、世界の構成要素全てに対する慈しみが深く染み渡っている。そして、これは仏教的であると同時に、やはり石門心学的かつ老荘思想的と表現すべきものでもある。先の土地に関する描写に続き、行き交う人のみならず、懸命に荷を引く牛のために使われた語の数々などは、外形から、この世での役割を見出す者ならではのものといえよう。牛には、牛という「形」に規定された「心」があり、牛のみに課せられた役割がある。「汗も涎もたらたらとながしてのぼる」と言葉を紡ぐ松翁は、この牛という存在に大きな敬意を表しているのである。

もう少々、石門心学的態度が明確に表れた部分も確認できる。世界が世界として機能するためには、「形」に規定された「心」が正しく身体に働き掛け、現実の身振りを成立させる必要があるが、次の船頭の描写など、まさしくこのことに触れているものである。

> 橋の上より見おろせば、朝の間から汗水に成りて、登る舟出す船頭も有り、夜通しに身のあぶらをしぼりて、舟を着けるも有り。此船頭が苦労のありさま、実に本心のままの働き姿なるべし。乗人は船頭にたすけられ、船頭は乗人に助けられて妻子を養ひ、双方互ひに助けあふ。[16]

梅岩心学の目標が「性の知覚」であれば、堵庵心学のそれは「本心を知ること」と表現できるものであった。これは教説の簡易化ではなく、何より形而上から形而下への性質の転換であることは、すでに論じた通りである。堵庵に直接師事し、基本的には堵庵の思想を受け継ぐ松翁であるがゆえ、ここで「本心」の語が登場するのは全く自然といえる。船頭が朝から晩まで懸命に働くのは、疑いなく「本心」が発動してのものである。そして、乗船する客は船頭によって助けられ、船頭は乗船する客に助けられるという説明は、梅岩の『都鄙問答』を想起させる。

士農工商ハ天下ノ治ル相トナル。四民カケテハ助ケ無カルベシ。四民ヲ治メ玉フハ君ノ職ナリ。君ヲ相ルハ四民ノ職分ナリ。士ハ元来位アル臣ナリ。農人ハ草莽ノ臣ナリ。商工ハ市井ノ臣ナリ。臣トシテ君ヲ相ルハ臣ノ道ナリ。商人ノ売買スルハ天下ノ相ナリ。細工人ニ作料ヲ給ルハ工ノ禄ナリ。農人ニ作間ヲ下サルルコトハ是モ士ノ禄ニ同ジ。天下万民産業ナクシテ何ヲ以テ立ツベキヤ。[17]

四民の別はあれども、その中に優劣は存せず、価値自体は同一であり、四民はそれぞれの役割を日々果たすことで、結果的に助け合うことにもなる。梅岩の四民、および世界全体に関するこのような説明を下敷きにした上で、松翁は町の姿を描写している。そして、この町、ひいては世界全体の姿に、松翁は惜しみない称賛を送るのである。

いひ合はしてはおかねども、御むかひが来たかして、乗合の咄しの声も浪枕、寝ながら下る十里斗り。まだ覚めきらぬ夢のうち、早目ざましに、御城が見え、八軒屋へ舟が着けば、ここにも舟のせわ人かけて、不自由なきやうにして有り。何国へいても我が内同然、舟にのつて下りしも庭前の泉水の心地。いつそ横着で山も川も我がものにして見れば、前裁の築山泉水には橋をかけ、御大名の行列が通るかと思へば、時雨がする。女郎も通れば、出家も通る。駕籠かくも有り、乗るも有り。乞食も犬も居る。橋は天下普請で、こつちの苦労にもならず。あまりもつたいな過ぎて言語道断、心行所滅ともいひさうな事ぞかし。[18]

人々が「本心」の訴えに従い、自らの職分を全うし、その成果として世界は潤滑に動き、人々にとって大きな利益がもたらされる。この世界に満足できないのは、世界に瑕疵があるためではなく、そう思う人間の「心」の方に原因があると、松翁はいうのである。

扨船中はきゆうくつなれど、きゆうくつな合点なれば、さのみ窮屈にも思はず。いかさま平常廣い家に住んでも廣いとおもはぬ筈。たらぬと思へば足る事なく、足れば足らざる事もなし。[19]

ここで表明されているのは、いわゆる「知足安分」であり、境遇も含め、自身の得たものに満足する精神こそが必要とするものである。船の実際の面積ではなく、狭いと感じた自身の「心」にこそ、問題があるという訳である。この「知足安分」は、石門心学に流れ込んだ老荘思想の一要素であるともいえよう。『荘子外篇』の「駢拇篇《べんぼ》」には、次のような言葉がみられる。

彼の至正なる者は、其の性命の情を失なわず。故に合する者も駢と為さず、而して枝ある者も跂と為さず。長き者も余ありと為さず、短き者も足らずと為さず。是の故に鳧の脛は短しと雖も、これを続がば則ち憂えん。鶴の脛は長しと雖も、これを断たば則ち悲しまん。故に性長きも断ずる所に非ず。性短きも続ぐ所に非ず。[20]

小鴨の短い足も、鶴の長い足も、生まれつきであって、それの長さを変えることは正しい行いではなく、また意味もない。同じように、生まれ持っての「性」に関しても、それを満足して受容することが大切であると、上に引いた箇所では説かれている。これと、松翁の考え方は基本的に同じである。目に映ずるこの世のあらゆる姿態は、「天」によって創造されたものであり、我々に必要なのは、それを曲げることなく、満足して受け容れることに他ならない。

梅岩においても、堵庵においても、自らの内奥に潜む「天から与えられた、そのままの精神」を知ることは、「天」自体を知ることにも繋がるとされた。梅岩のいう「天ノ心ハ人ナリ。人ノ心ハ天ナリ」[21]であり、天人合一の思想である。これに関しても、松翁は活き活きとした筆遣いで、こう描いている。

いつそ思ひ切つて、世界と一緒に成つてみれば、此身死ぬるといふせわもなく、活通しの世界と同い年と成り、寝ても世界、起きても世界。此からくりがいつ迄も、台を飾りかへずに其儘で、自由自在に変化する。此の仕掛けを孟子や達磨に御尋ね申しても、言ひがたしの、不識のと、のたまひしが、いかさま口伝でゆかぬは尤もかなと、感じつつ往く折からに、御堂の太鼓ドンドンドン。[22]

自分を世界と同一化し、世界を自分自身とする。これは一種、禅的な身心脱落の境地ともいえそうであるが、松翁自身も「達磨に御尋ね申しても」と書くことで、それに自覚的なことを表明している。松翁の思想は、超然とした雰囲気を持つものと評されることが多いが、老荘思想や禅の要素を明確に含んでいることを知れば、それも首肯できるところである。

第四節　『松翁道話』と老荘思想

老荘思想というのは、思想史学的にみれば多少厳密さに欠ける表現と捉える向きもあろう。そもそも、老子（生没年不詳、文献的には紀元前四世紀以上遡ることはできない）の思想と、荘子（紀元前三〇〇年頃）のそれは別のものであり、大まかにいっても、前者が現実的な関心も強く持つのに対して、後者はすでにみた通り、一種の宗教的な超越性を窺わせるものであった。しかし、荘子以降の思想家によって融合され、少なくとも日本に移入されたときには、別箇のものではなく、老荘学なる一つの体系と見做されることがほとんどであったといってよい。そして、その思想体系の核心にあるのは、「無」であった。『老子』

の第四〇章に「天下の物は有より生じ、有は無より生ず」[23]とあるが、老子、そして老荘思想に横たわるのは、全ては「無」から生じたとする世界認識である。

また、『老子』の第四八章には、次のような無為の思想が説かれている。

学を為す者は日に益し、道を為す者は日に損す。之を損し又た損し、以て無為に至る。無為にして而も為さざる無し。[24]

学問をすることは、日毎に知の分量を増やし積み重ねていくことであるが、「道」を修めることとは、逆に日毎にそれを減じていくことである。そして、この「道」を修めることを続け、全てを減じていけば、最後には無為に到達するのだと、老子はいう。無為は何も為していないことだが、それは逆に全てを為していることであり、ここに万能の働きが表出するのである。[25]

そして、『荘子』では、「無」と無為の思想を土台に据えて、世俗のしがらみから完全に解放された「逍遙遊《しょうようゆう》」の境地に至ることが理想と説かれた。

今、子に大樹ありてその無用を患う。何ぞこれを無何有の郷、広莫の野に樹え、彷徨乎として其の側に無為にし、逍遙乎として其の下に寝臥せざる。斥斧に夭られず、物も害する者なし。用うべき所なくも、安ぞ困苦する所あらんやと。[26]

「逍遙遊」に至る現実的な在り様は、因循の果ての隠遁であり、俗世間から自身を乖離することとなろう。それに対して石門心学は、自らの職分を全うすることを何よりの理想とする。先に、梅岩の教説は、結果的に身分制度を受け容れるものであり、「形ニ由ノ心」と荘子の「万物斉同」は異質と捉えざるを得ないことをみたが、そういった思想的水準のみならず、現実的身振りにおいても、最終的には、老荘思想と石門心学は相容れないものとなることが理解できるはずである。

それでは、老荘思想に多大な影響を受けながら、何より一心学者であった松翁は、どのような折り合いを付けていたのか。これを考えるために、『松翁ひとりごと』より遥かに分量が多い『松翁道話』の内容を検討してみたい。ただし、『松翁道話』は松翁の手による書ではなく、しかも松翁が没して相当年数が経過した後に刊行されたものである。「松翁道話」の名で刊行された書は全部で五つあり、それぞれの刊行年は、『松翁道話』が一八一四（文化一一）年、『松翁道話二篇』が一八一七（文化一四）年、『松翁道話三篇』が一八四〇（天保一一）年、『松翁道話四篇』と『松翁道話五篇』が共に一八四六（弘化三）年と判明している。[27]現在、『松翁道話』といえば、上記五篇を指すが、その刊行時期は松翁が亡くなって三〇年後から、六二年後までということになる。

このことから客観的に考えれば、これが松翁の言葉を正確に記録したものかどうか、幾分怪しいといわなくてはなるまい。しかしながら、その内容が真に正しいのか、誤っているのか、我々に知る手立てがないのも事実である。よって、ここでは松翁の思想というより、『松翁道話』の内容の中に、老荘思想がいかなる形で取り込まれているか、考えてみたい。もちろん、『松翁ひとりごと』と明らかに方向性を違える思想的記述に関しては、『松翁道話』ではなく『松翁ひとりごと』を優先することとする。この作業によって、「現時点で知り得る松翁思想」を検討することは可能となろう。

松翁の心学も、堵庵から教えを授かっただけあり、最終目標は「本心を知ること」と表現することが可能である。この「本心」については、『松翁道話』に次のような説明がある。まずは、「本心」そのものではなく、その説明のために語られた箇所からみてみたい。

すべて世界のためを期にすると、おのれが為をあてにするとの違ひがある。これをたとへてみれば、医者殿が病人をみて、どうぞ此の病苦をたすけてやりたいとおもうて薬をやると、どうぞ此の病人本腹さして、我手がらにせんと思うて薬をやるとは、同じ期で大きに違ふところがある。これからモウ二三だんも下卑ては、頭から薬礼をあてにして薬をやるがある。みな同じ薬なれど、病人への利き道が大きに違ふ。また医者どのの身にこたへる果報も、大きに違ふことぢや。みな本をすてて、すゐばつかりの算用でゐる。[28]

人の行いには二種類あり、一つは世界のためのそれ、もう一つは自分のためのそれ、と松翁はいう。もちろん、もっと直接的な見返りを当てにしたものもあろうが、これは後者の方に算入してしまってよかろう。そして、松翁が奨励するのは、上の物言いからして、世界のための行いであることは、疑いを入れることができない。これを現代風に換言するならば、公を志向する行為は正しく、私を志向するそれは正しからぬもの、となろうか。そして、上の話に続くのが「本心を知ること」の効用に関する説明である。

本心を知るといふも、別の事ではない。我が本来の本の心を知るゆゑ、枝葉にとり付く迷ひがすくなう成つて、心安う家内がをさまる。はなはだ利功なものぢや。家内繁昌、子孫長久に違ひはない。一家中から子孫の末まで和合して、萬事仕合せがよい[29]。

「本心を知ること」は、先の説明でいえば、公を志向する行為であり、これは結局巡り巡って、私の利益として還元されるという。何か悩みがある際に、それを一つずつ解決しようとするのではなく、「本心を知ること」に達すれば、結局万事は解決する、というのが、松翁の説きたいところであろう。では、この「本心を知る」状態に至るには何が必要となるのか。これについては、『松翁道話三篇』において、石門心学では頻出する「我なし」なる語でもって、こう説いている。

橋の上を大勢人がゆきかよひするに、ひつとも行き当るものはない。たがひに我なし。向うの人はこちのからだに成り、こちはまたむかうの人になつて、天の心でゐるゆゑ、我も知らずよけ合うて通る。ねつからゆきあたりはせぬ、うまいものぢや。また川船が何艘往来しても、たがひに遠慮仕あうて、行きあたらぬやうにする。むかうに橋があると、ちやつと帆をおろし、帆ばしらが辞儀して、橋の下をツイと通る、すこしも行きあたりやせぬ。あれが、どちらぞに遠慮がないと、船も橋も打ちくだいて仕まはにやならぬ。結構なをしへぢやぞえ。[30]

仏教でいうところの無我は、全ての物象に実体はないと考えるものだが、この「我なし」は、我欲や私心がないという、現代の日本語としても使われる無我に近い。私欲を表出せず、他者の心を自らのそれとし、全体と一つとなり、行為する。我を消し去れば、残るのは何か。それこそが「本心」に他ならない。

本心を知るは別にむつかしい事はいらぬ。ただ我が心の無心無念なる事を能う合点するのぢや。それで山ほど迷うて、ハアスウハアスウいうても、本体の思慮分別のない事を知るゆゑ、すこしも分別に迷ふという事がない。欲どしい気からは、どうやらたよりないやうなものなれども、無心無念が本体ぢやによつて、外にどうも仕様はない[31]。

「本心」とは、すなわち無心無念であると松翁は断じる。しかし先ほど、無心になることは、他者の気持ちになることでもあり、また全体と一になることでもあるとの箇所をみたはずである。それでは、他者も「無」であり、全体も「無」と捉えてよいのであろうか。

むかし虚空が人を呑んだゆゑ、其報いで、又人が虚空を呑むといふ様なもので、其虚空を呑んだ人が又虚空を吹出すと、其吹出された虚空が又人を吹出し、せんぐり同じ様な事をしている。即今此様にものいうたり、見たりしてゐるが、いつの間にやら虚空へ這入つて、消えて仕廻ふかと思へば、又虚空から出て、見たり、聞いたりしてゐる。どちらが本真ぢや知れるものぢやない。夫で色即是空の、空即是色のというてある[32]。

語彙は仏教的であるが、内容的には老荘思想とも相通ずる認識である。ここで使われている虚空は、疑いなく「無」と同義である。よって、松翁が説いていることは、世界の実体は「無」であり、人も、「心」も本来は「無」であるということであろう。そうであれば、松翁にとって「本心を知ること」とは、つまるところ、全ての事象や物象は、本質的には「無」であることを知覚することを意味する。それでは、「無」を正しく知覚した人間は、いかに行為し、いかに自身の一生を送ればよいのであろうか。この答えを、松翁はやはり老荘思想から引き出そうとしている。

無為とは、われもしらずして人を助け、われも助かりてゐる事がある、是が何のためといふことをしらぬゆゑ無為といふ。又有為とは、わが心に覚るゆゑ、形の上において苦しみがある。たとへば、途中で乞食に銭一文やつても、有難いといはぬと、どうやらふり返りてみる心がある。これが返礼をまつの心ぢや、有為の病ぢや。[33]

世界が本源的に「無」であり、また世界の「理」が無であるならば、それに従う行為、すなわち無為のみが、人の採るべき身振りとなろう。無為によって全てが成し遂げられ、個人的な苦悩から逃れ得るのは、そもそも「理」も「性」も「無」であり、「性」の現実態である「本心」も「無」であるがゆえ、と考えられる。しかし、無為とは、ただ何も為さないことを意味するのではなく、私心を排除した行為は許すものである。上に引いた例でいえば、慈しみの行いを為すのは、無為に抵触しないが、返礼を求めることは有為になる、という具合に判断できよう。この辺りには、多少論理が破綻している部分も存する。

このようにみると、『松翁道話』から読み取れるものは、基本的に老荘思想を基礎に持つもののように思われる。しかし、繰り返すことになるが、梅岩以来の石門心学は、最終的には職分に打ち込むことこそを尊いものと主張している。そしてこれは、老荘思想から通常導かれる結論とは大いに異なっているように思われる。ならば、老荘思想と松翁心学の、決定的に異なる点はどこに求めるべきであろうか。

第五節　社会思想としての松翁心学

松翁の思想が、いかなる理由でもって老荘のそれと道を分かつことになるのか、そのことを考えるために、『松翁道話三篇』よりの一節をみてみたい。

忍とは則ち堪忍のことぢや。此かんにんの道さへまもらば、身納まり国治まる、和合の道。忍の徳たる、諸善萬行も及ばずというて、一切堪忍一つで世界中が治まる、けつこうなものぢや。[34]

堪忍、すなわち我慢することこそが、「和合」に繋がる道であり、この徳を養えさえすれば、世界の安寧すら実現するというのである。普通に読んでいては、因果関係がうまく解せない文章である。松翁は、堪忍が克己の別名であるとする歌を引いた後、こう続ける。

おのれに克つとは、我が身勝手にかつのぢや、則ち天道様への御礼ぢや。今日いひたい事を明日までかんにんするのぢや。酒のんだり、肴喰うたりすることも、ちつとづつかんにんするのぢや。よい物着たいも、けふ一日のかんにんと思うて、先へのばすのぢや。日本の宗廟御伊勢様が、かやぶきに三杵米で、堪忍をしへてござる。是ほど、緋縮緬でかみゆうたり、びろうどを草履のはなをにするけれど、しめ縄は、やつぱり藁ぢや。今のわりしてみると、しめ縄もいと巻にするか、金糸で綯うか、せめて水引きぐらいしさうなものぢや。斗帳もやつぱり白木綿ぢや。是も緋どんすぐらいになりさうなものぢや。所をやつぱりむかしの通り、白木綿でかんにんしてござる。堪忍を行ふは、道にかなふ根元ぢやといふことぢや。[35]

物欲や見栄、贅沢をしたいという気持ちを抑え、禁欲に徹する。それが堪忍の徳であり、これが世界の安寧に繋がるというのは、禁欲が人を平穏にするがゆえ、である。普通、人には私欲があり、それが何らかの理由で妨げられると、苦しみや辛さを覚える。しかし、この私欲自体を抑え込むことができるならば、苦悩からは解放されるであろう。付言するまでもなく、仏教の煩悩に関する考え方と同一である。

しかし、世の中の人々が禁欲的になれば、恒久的な平和や安定が訪れるのであろうか。もちろん、全ての成員がそう努めれば、争いは鎮まるかも知れない。ただし、松翁はそのような状況の到来を希求して、上の発言をしたのではないように思われる。なぜ、ここまで禁欲ばかりを説くのか。それは疑いなく、世界の側には基本的に問題が存しない、との前提があるためである。意識的にか無意識的にかは別として、個人の苦悩がこの世の問題の全てであると、松翁は信じ込んでいる。『松翁ひとりごと』に描かれた、活気に溢れ、見事に機能する町の姿を思い起こせば、このことは直感的には納得できることであろう。

ゆえに、老荘思想と松翁のそれに関する決定的相違は、次の通りである。眼前に広がる社会が、十分に「天」の「理」を反映していない、すなわち、私欲や人為によって、「天」の働きが阻害されてしまっていると考える老荘思想に対し、松翁の思想は、世の有り様は十分に天理に律されたものであると捉えている。この二つの認識は、個人に対し、全く違った身振りを要求しよう。社会思想的観点から述べれば、前者ならば、「理」に反する社会から身を剝がすか、あるいは社会を「理」に適ったものに改変する必要が出てくる。後者であれば、問題は個人の方であって、日々「心」の中で蠢く苦悩は、全て精神の在り様によるものでしかない。

松翁が名誉や利益、あるいは自身の評判を追い求めてはならないと説くのも、この観点から解し得るものである。

むかし天竺に山伏があつた。人星の術を学んで、急に我が奇特を世上にあらはさんとおもひ、我子の命数七日かぎりといひふらしたけれども、諸人合点せぬ。其後七日すぎて、我子をしめ殺し、相果てしと言うて葬る。それから諸人大きにおどろき、誠に奇代の修験者なりと、世挙つて大きに賞美したといふことぢやが、我子を殺しても我名を顕はしたいとは、よつぽど愚痴のかたまりぢや。けれども銘々共のようなものは、今日の鼻の先の名利名聞にふけり、世界のものに我名前が付けたい。それゆゑ急に金がほしうなり、利欲に迷ひ、人の合点せぬものまで集めて我物とするゆゑ、子孫のうれひ災難となり、終には子孫断絶跡形もなく、皆山伏殿の同行衆ぢや。[36]

これは『松翁道話五篇』に登場する、自らの名利名聞を希求し、そのために我が子を殺す山伏の話であるが、これも当然、問題は行動を起こした山伏本人に関わるものであって、世界の在り方とは一切関係がない。全ての問題は、自らの現世的利益を欲して、実子の生命を奪った山伏の精神にこそ存する。「本心」が「我なし」の状態であり、それに至るためには私心をこそ取り除かねばならぬとするのも、上の議論を踏まえれば、見事に合点がいくはずである。

我こそ本心会得したと思ひ、めつたに世間を欺語りあるき、世界を変物にすることがある。実に勿体ないことぢや。片輪にしては取返しがならぬ大事の事ぢや。どなたも能く心得て居ておくれなされ。此様に生きてゐるは、天命で生きているゆゑ自由が出来る。此の自由を我が才覚ですると思ふゆゑ、我がままをする。此我儘を天命と混乱にするゆゑ、色々様々の化ものが出来る。家を治むるも、身を修むるも此の道理で、もつともらしい所もあれど、又我儘非道な所もある。其天命に背いた所が変物と成り、憂ひ、災難、困窮、飢渇と形の上にあらはる。皆私心の造化した所ぢや。[37]

ここで松翁は、「天」の「理」、すなわち「本心」に宿るものが創造した世界を、私心によって破壊することを戒めているのであろう。修養の全てが、私心の払拭に向けられるというのは、学徒にすれば大変解し易い話である。金銭は借り物であり、あの世にまで持って行くことができないということを知れ、という松翁の説も、「我なし」の観点から一貫して理解可能となる。

銭銀はお上のもの、持つては行かれぬ。三拾間口、五拾間口も持って行かれぬ。骸は土なり、心は天なり。皆かり物を我がものの様に思うて、一生あたふたあたふた。三百貫目も五百貫目も天地の在り物、世間の戸棚に入れて置くのぢや、持って行く事はならぬ。[38]

現実的外形を「骸」と表現するのは、道友であった道二と同じであり、この世の儚さと人間という存在の空しさ、そして精神の肉体に対する優越性を込めたものと考えてよい。金銭など一時的なものであり、そこに価値を見出し血眼になることなど愚の骨頂である。そう説いているようでいて、上に引いた箇所は、金銭欲によって人が苦悩に囚われることを避けるために作られたもののようにも思える。つまり、超然的であらねばならぬ理由は、何より個人の精神的安寧のためであろう。これが、松翁心学の魅力でもあり、質的限界でもあるといえる。

周囲の人々が追い求めている名利名聞に対して、徹底的な禁欲の姿勢で臨み、然る後に「心」の平和を獲得せんとする松翁の思想は、それゆえに現実を甘受するものでもある。

どの様にしたとて町人は町人、百姓は百姓、羽二重織物などは、皆上々様大名様がたの御召しなさるものぢや。それを木綿のどてら、着物の袖口やえりさきにちつと斗り御大名様方のまねしたとて、それが何に成ることで。[39]

四民の別に関しては、松翁が物申すところではない。なぜなら、幕藩体制も、身分制度も、全て世界の「理」に則ったものであるがゆえ、である。全てが「無」であり、虚空から生まれ、またそれに帰するとしても、今眼前に広がる世界は、松翁にとって眩く、称賛に値する対象であった。竹中靖一は、松翁の思想を人道主義的と十分に評価した上で、こう指摘する。

しかしながら、知足安分の思想は、もとより分限観念につらなるものであり、松翁も封建体制の階級的観念を多分にもっていたことは、いうまでもない[40]。

結果として、幕藩体制にも、身分制度にも異を唱えないばかりでなく、社会を分析するという営為自体を放棄してしまったのが、松翁の心学であった。老荘学由来の語彙を用い、現実のしがらみから解き放たれた雰囲気を醸し出しながら、その実、彼は眼に映ずるものに関し、理性で捉え、判断することを止めてしまっていたのである。この意味で、社会思想として判断するならば、松翁の思想は梅岩以前の段階に止まるもの、という他ない。近代に向かう力を内包しているどころか、見事に近世という枠組に収まってしまう思想である。師である堵庵が格闘した「性と本心」の問題も、親友である道二が自覚的であった身分制度の問題も、松翁の関心の中には、遂に入ってくることがなかった。

ただし、その理由でもって、松翁心学が意義を持たないものであったと難じる訳ではない。『松翁ひとりごと』に描かれた美しく、そして機能的な世界認識は、十分に文学的であり、正しい意味で宗教的である。理性で世界を説明し、人々を導く力はなかったとしても、松翁はその豊かな感性でもって、多くの門弟たちに人生の豊かさを思い知らせ、彼らの苦悩を大いに減じたであろう。それはまさに、庶民受難の時代であった田沼期にこそ必要とされる言説であった。近代性という基準からの評価は期待できなくとも、松翁の心学は、拡大期にあった石門心学の思想的な豊かさを証明する、一つの展開であったとすべきである。

注

1 『石田先生語録（巻十四）』、柴田實編『石田梅岩全集（上）』（清文堂出版・一九五六年）所収、五五頁。
2 金谷治訳注『荘子　第二冊　外篇』（岩波書店・一九七五年）、二六六頁。
3 森三樹三郎『老子・荘子』（講談社学術文庫・一九九四年）、七三〜七四頁。
4 竹中靖一『石門心学の経済思想　増補版』（ミネルヴァ書房・一九七二年）、六〇二頁。
5 道二の生涯を振り返るにあたっては、石川謙校訂『松翁道話』（岩波書店・一九三六年）、石川謙『石門心学史の研究』（岩波書店・一九三八年）、前掲『石門心学の経済思想　増補版』、子安宣邦監修『日本思想史辞典』（ぺりかん社・二〇〇一年）などを参考とした。
6 石川謙「解説」、前掲『松翁道話』所収、五頁。
7 『松翁道話』、前掲『松翁道話』、一一頁。
8 前掲『石門心学史の研究』、二五二頁。
9 前掲『松翁道話』、一一頁。
10 石川謙『増補　心学教化の本質並発達』（青史社・一九八二年）、二六五〜二六七頁。
11 大田南畝『日本随筆大成　別巻6　一話一言　6』（吉川弘文館、一九七九年）、二〇一頁。なお、割註部分は省略した。
12 前掲『松翁道話』、一二〜一三頁。
13 同書、五二頁。
14 布施松翁『松翁ひとりごと』、前掲『松翁道話』所収、一九五頁。
15 同書、同頁。
16 同書、一九八頁。

17 石田梅岩『都鄙問答』、柴田實編『石田梅岩全集（上）』（清文堂出版・一九五六年）所収、八二頁。
18 前掲『松翁ひとりごと』、一九七〜一九八頁。
19 同書、一九六頁。
20 前掲『荘子　第二冊　外篇』、二〇頁。
21 前掲『都鄙問答』、一〇五頁。
22 前掲『松翁ひとりごと』、一九九頁。
23 蜂屋邦夫訳注『老子』（岩波書店・二〇〇八年）、一九三頁。
24 同書、二二〇頁。
25 前掲『老子・荘子』、五八〜五九頁。
26 金谷治訳注『荘子　第一冊　内篇』（岩波書店・一九七一年）、三八頁。
27 前掲「解説」、一八頁。
28 『松翁道話二篇』、前掲『松翁道話』所収、五八頁。
29 同書、五九頁。
30 『松翁道話三篇』、前掲『松翁道話』所収、一〇六〜一〇七頁。
31 『松翁道話四篇』、前掲『松翁道話』所収、一四一頁。
32 前掲『松翁道話』、一二五頁。
33 前掲『松翁道話二篇』、六二頁。
34 前掲『松翁道話三篇』、八九頁。
35 同書、八九〜九〇頁。
36 『松翁道話五篇』、前掲『松翁道話』所収、一七七頁。

37　前掲『松翁道話』、四七頁。
38　前掲『松翁道話五篇』、一五一頁。
39　同書、一六七頁。
40　前掲『石門心学の経済思想　増補版』、六一一頁。

第六章　柴田鳩翁の道話と禁欲主義心学——石門心学の思想的変容と必然的退潮——

たましきの都のうちに、棟を並べ、甍を争へる、高き卑しき人のすまひは、世々を経て尽きせぬ物なれど、是をまことかと尋ぬれば、昔しありし家はまれなり。或は去年焼けて今年作れり。或は大家滅びて小家となる。住む人も是に同じ。所もかはらず、人も多かれど、古見し人は二三十人が中に、わづかに一人二人なり。朝に死に、夕に生るるならひ、ただ水の泡にぞ似たりける。

——鴨長明著、市古貞次校注『新訂　方丈記』（岩波書店・一九八九年）、九～一〇頁。

第一節　衰退する石門心学

思想の世界に限定した場合、学派というものの命脈が尽きるのは、一体いかなるときと考えられようか。権力による弾圧や、人間関係の破綻といった外部的条件を除けば、その多くは、当該学派の掲げる思想が時代と共鳴する力を失ってしまったときか、あるいは、それが独自の進化や発展を止めてしまったときということになろう。

石田梅岩《いしだばいがん》（一六八五～一七四四年／貞享二～延享元年）によって創始された石門心学は、疑うところなく、一つの学派として一時代を画すまでの存在となった。しかし、江戸時代が終わると同時に、思想界の中からその名をほぼ完全に消失してしまった学派でもある。現実の生に寄り添った哲学として、全国で、さらには階級の別をも超えて多くの支持者を獲得した石門心学が、近世という時代の壁を突破できなかった理由は果たして何であろうか。本章では、近代性を胚胎していた石門心学が、何ゆえ幕末に斃れたのか、後期石門心学を代表する論者・柴田鳩翁《しばたきゅうおう》（一七八三～一八三九年／天明三～天保一〇年）の思想を検討することによって、考察し、その理由を探り当ててみたい。

鳩翁の教説をみる前に、まずは、学派としての石門心学の衰退期を大まかに見定める作業から始めよう。石川謙は、講舎の数から教化の内実に至るまで、膨大な資料に基づき検討を施した上で、次のように結論付けている。

天保元年より慶応三年に至る三十八年間の教勢趨移の跡を見ると、個人としては優秀な心学者もあり部分としては隆盛を極めた地方や新開拓の地方やもあつたが、大勢の上からは衰退の一路を辿つたものと断ずるの外はない。[1]

石門心学が衰退を始めた理由の第一として、石川は、総本家というべき手島家がこの期間中に優れた心学者を輩出しなかったことを挙げているが、確かに強力な指導者を欠いたがために、学派としての石門心学の勢いが殺がれてしまったことは否めまい。これは上に述べた、学派衰退の外部的要因の一つである。これに付随する問題ともいえようが、十分な修行を経ず、ただ話上手なだけの心学者が多く現れたことも、石門心学に対する信用を落とせしめる原因となった。[2] しかし同時に、この類の心学者の出現が、ひとえに強力な指導者が途絶えたことにのみよるとはいえないことにも、注意しておく必要があろう。

一八三〇（天保元）年を衰退期の始まりとして石門心学を眺めれば、そこには一つの際立った特質が浮かび上がる。この時期、石門心学の講舎で人気のあった講釈方法は、道話を用いたものであった。道話は、手島堵庵《てしまとあん》（一七一八～一七八六年／享保三～天明六年）が先鞭を着け、中沢道二《なかざわどうに》（一七二五～一八〇三年／享保一〇~享和三年）が完成させた形式である。それを大まかに説明するとすれば、難解で複雑な経書や仏典の言葉を、日常的な出来事や譬え話を題材に、親しみのある言葉で語り直したものとなろう。ただし、堵庵や道二による道話の使用は、心学思想の簡易化とは全く違うものであったと知る必要がある。

> 一切の経文一切の書物は、我本心を知る所書じや。明徳を明らかにせんが為の楷梯じや。屋宇へ昇るに楷梯でなければ昇られぬ。屋宇へ昇たれば楷梯はモウいらぬ。夫に屋宇の上で長い楷梯をぶらぶらふり廻して、あぶない事じや。怪我人が出来ると言ふも聞ず、鼻ばかりたかうして、子曰く、何屋何兵衛何屋何兵衛。所書ばかり読んでゐる。そのかたはきでは釈迦如来が強いの、阿弥陀様が勝じやのと、自慢するを、神道者は聞て、あら勿体なや、我神国を汚す夷狄の法、払い給へ清めて給へ。と鈴振り立る。又一方では、法華は箒でたたかれる。門徒は門を鎖められた。浄土は錠をおろされたと、名ばかりでせり合いしてゐる。[3]

ここに引いた道二の言は、道話という講釈方法に込められた理念のみならず、石門心学の立ち位置をも明確にいい表したものといえる。石門心学にとって、古今東西、様々な偉人によって著された書物は、ただ「本心」を知るための手引きであり、真理に近付くための補助に過ぎない。よって、一旦「本心」を知り、明徳を得たならば、書物とそれに付随する権威は、全くもって不要なものとなろう。しかしながら、現実の世界では、名のある書物を崇拝し、学問の機能を蔑ろにするという、主客転倒と呼ぶべき事態が多々みられる。道二が道話という形式を用いて講釈を行った理由は、何より心学とは実学であると考え、同時に、難解な言葉とそれによってもたらされる権威は、百害あって一利なしと捉えていたがためである。次の指摘は、竹中靖一によるものである。

『道二翁道話』にあらわれたかれの哲学をみるに、まず、道二がたえず「生きた学問」をもとめていたことを、なによりも注目しなければならない。道二の心学が世間にひろく行なわれたゆえんも、それが「生きた学問」を説くがゆえであったにちがいない。[4]

しかしながら、もし道話の中で、元々伝えたかった内容自体が改変されてしまっていたとすれば、それは道話の理念から大きく外れてしまう行いとなろう。道話とは飽くまで、聴き手にとって解し易い言葉で語り、「生きた学問」として受け取ってもらうための方法であって、内容自体の簡易化とは本質的に異なるものなのである。

それでは、石門心学が衰退しつつあったとされる時期に活躍した柴田鳩翁は、いかなる思想を育み、いかなる形式で講釈を行ったのであろうか。講釈方法からいうならば、彼は心学講師として、一貫して道話を用い続けた。彼の道話の聞書である『鳩翁道話』は、石門心学に関する書物の中で、最も多く翻刻され、最も多く読まれた一冊とさえいわれている。[5] しかし、それをもって、鳩翁の道話、ひいては思想自体が、高く評価されているとするのには無理が存しよう。事実、『日本思想史辞典』には、次のような記述がみられる。

鳩翁が〈道話〉の対象とした人々は農民や町人という庶民たちであったが、名声の高まりとともに武家や公家の関心を引き、いくつかの藩から領民教化のために招聘されるなど、為政者の積極的後援をうけた。その意味では、彼の〈道話〉には体制の支配の具に供された側面もあったといわねばならないだろう。[6]

時の為政者から支援を受けたという事実のみによって、体制に迎合的な思想であると断じるのは、明らかに難のある議論である。例えば、道二を例に考えるなら、多くの上流武家が彼に師事し、また経済的援助を申し出たが、それは彼の思想と体制を支える精神に親和性があったためではない。むしろ、彼の思想には、四民の別を前提とした武士階級の支配を、本質的には無効化してしまうような因子すらあった。それでも道二の思想が武士から多くの支持を集めたのは、彼の教説が、人の私的領域に切り込み、それを確かに下支えする性質のものであったがゆえ、である。換言するならば、道二思想の支持者は、身分や職分を脱ぎ捨てた、裸の「個」であった。

もちろん、道二の思想が上のような性質を持つものであったからといって、即、鳩翁も同様であろうと推察することはできない。竹中靖一は、鳩翁の思想に関して、その時代背景と絡ませ、次のように描いている。

幕藩体制の社会的経済的な矛盾が、一時に露呈して、物価は高騰し、人心は、世相不安におののいていた。だから、鳩翁は、いっそう、教化の必要を痛感したことであろう。しかし、険悪な世相をうけとったかれの態度は、小心翼々とした庶民の立場をでなかった。幕藩体制の変革などということは、およそ、鳩翁の考えるところではなかった。だから、代官や藩の当局が、安んじて、かれに領内教化をゆだね、為政者の積極的後援があったから、鳩翁は、教化活動に多くの便宜をえたのである。[7]

天保年間とは、一八三三(天保四)年から一八三六(天保七)年にかけて発生した大飢饉をはじめとして、社会全体が大きな不安に陥り、混乱に巻き込まれた時代であった。一八三七(天保八)年には、大坂において大塩中斎(一七九三~一八三七年/寛政五~天保八年)の反乱も起き、これは単なる武装蜂起として以上に、「万物一体の仁」を掲げる日本陽明学の峻厳なる思想的態度が表明された点でこそ、重要な歴史的事件として記憶されることとなった。[8]

この中斎の乱にも実際に遭遇し、何とか生き延びた鳩翁は、陽明学に対していかなる思いを抱いたのであろうか。そして、竹中の「小心翼々とした庶民の立場をでなかった」という鳩翁への評価は、一体何を根拠としての意見なのか。現在の学界において決して高い思想的評価を得ていない鳩翁であるが、これに関しては、前章までに指摘した通り、堵庵や道二の例のように、内在性を欠いた批判が大勢を占めているという可能性もあり得よう。よって以下、鳩翁の思想に関して、「梅岩―堵庵―道二」と受け継がれてきた石門心学の正統を踏まえつつ、考察してみたい。

第二節　鳩翁の人生と道話

思想を検討するためには、思想家本人の言葉を検討するのが最も適切であろうが、そのために前提となるのが、当人の人生に関する大まかな情報である。より厳密にいうならば、思想家の個人的環境と、それを包む社会的環境となろうか。よって、まずは柴田鳩翁という人物の生きた様を、簡潔に整理してみたい[9]。

後に「道話の神様」とも賞されることとなる柴田鳩翁は、名を亨《とおる》（通称・謙蔵）、幼名を吉五郎といい、最も知られる鳩翁以外には、鳩継庵《きゅうけいあん》とも号した。生年は一七八三（天明三）年であり、これは石門心学の創始者である梅岩の誕生より、約一世紀後のことである。京都は堺町姉小路上ルにて、代々飛脚業を営んでいた奈良物屋吉兵衛の子として誕生した鳩翁は、幼少時より貧困に苛まれ続けたという。そして、ただでさえ経済的な苦境にある幼い彼を襲った巨大な災いは、一七八八（天明八）年に発生した、いわゆる「天明の大火」であった。当時の京都市街地の約八割を焼いたという大火に伴い、幼かった鳩翁は、父母と共に、丹波にあった母の実家に約一年間身を寄せている。京都に戻ってからは、依然厳しい経済状況が続く中で、病弱な身に鞭を打って働く父や母をみながら、立身を心に誓い日々を過ごしたという。しかし運命は残酷であり、一一歳にして呉服屋に丁稚奉公に出るものの、一六歳で父を、次の年に母を相次いで失い、若くして孤独な身の上となってしまうのである。

両親を失いながらも、社会的な成功を遂げようとする意志は潰えることのなかった鳩翁は、主家を辞して京の地で転々とするが、結局のところ何一つ為すことができず、一八〇一（享和元）年には新天地・江戸に向かうことになる。しかし、江戸の地でも身を立てることが叶わず、七年間の極貧生活を経て、結局は京の地に戻ったという。この間に身に付けたのは塗師としての技術で、これによって余裕はないながらもある程度は安定した生活を手に入れ、妻を迎えるに至った。ここまで、ほとんど学問というものと縁がなかった鳩翁が、一大転機を迎えるのが、齢二八のときのことである。偶然に聴いた軍書講談が、彼の人生を一変させてしまうのであった。鳩翁は、その軍書講談の内容自体に惹かれた訳ではない。彼が関心を示したのは、講談師という仕事の方であり、この程度ならば自分にも為し得るはず、そう思ったと後に述懐している。

講談師として再出発した鳩翁は、すぐさま多くの聴衆に恵まれ、この道における才能の高さを証明することとなった。初めは丹波の弓削村において、『赤穂記』に基づく講談を行い、眉山と名乗り始めてからは、京都の寺院などでも興行を催すようになったようである。なお、この講談師としての尋常ならざる能力の高さは、後の鳩翁心学における美点ともなり、また、その限界に繋がる要素ともなる。長らく埋没していた才能を存分に発揮し、講談師として名を上げていく彼であったが、状況に浮かれることなく、詩作を学んだり、三〇代の半ばを過ぎてからは儒学書で独学したりと、一貫して自己の鍛錬を怠ることがなかった。結果、最盛期には年に一〇〇両近い収入があったという。

この講談師・眉山が石門心学と出合うのは、時習舎の前川常営を介してである。心学の門をくぐる一番の契機となったのは、梅岩の『都鄙問答』を読んだこととも伝えられているが、これは儒学に傾倒した者にとっても、同書の内容が鋭く感じられたことの、一つの証明となろう。

幸に先師石田先生、おひろめなされた心学は、無学文盲でも、出来る学文ぢや。一たび本心を、見つけまするると、生れ付に、無理のない事を、しりまする。此無理のない心を手本にして、物ごとをいたしますれば、身分相応の働きが出来て、人なみなみの人に成りまする、ドウゾお手よりで御修行をなされて下さりませ。かく申せばとて文字は、いらぬと申すのではござりませぬ。行うて余力あるときは、以て文を学ぶとも見えますれば、御隙のある方は、なるたけ書物をおよみなさるが宜しい。[10]

上に引いた言葉は、『鳩翁道話』に収録されたものであり、よって、鳩翁が心学講師になった後に発せられたものである。しかし、少なくともこれを読めば、彼が梅岩の著作の中に、経書に劣らぬ学識や高い格調を感じ取り、それに惹かれたのではないことが解されよう。むしろ衒学的な在り方を拒絶し、実学的であらんとした様こそ、鳩翁の目には魅力的と映ったのであった。なお、上記引用文は、経書や仏典を読むことを無意味であるとするものではなく、「学問の為の学問」に対する空しさを説いたものである。最後の文をみればわかる通り、鳩翁は通常の読書自体は、意義が深いものとの見解を示している。

一八二一（文政四）年に、時習舎の薩埵徳軒《さったとくけん》（一七七八～一八三六年／安永七～天保七年）に入門して後、心学の修行を五年間行った鳩翁は、四三歳になったとき、大変な収入を得ていた講談師の仕事を完全に廃し、心学教化に専念することを決意する。一八二六（文政九）年に明倫舎より三舎印鑑を受け、名実ともに一流の心学講師となった彼は、以後一三年、つまり一八三九（天保一〇）年に没するまで、精力的な教化活動を続けた。教化のために訪れたのは、実に一二ヶ国に及んでいるが、[11] 驚くべきは、心学講師を始めた翌々年である一八二七（文政一〇）年に、彼が完全に失明してしまっていることである。しかし、この身体的な障害は、彼の学的探求を阻害するどころか、むしろ、それのみに関していえば、禍を転じて福と為したかのような印象すらある。

中年になって、たちまちに失明した鳩翁の不自由さは、想像にあまりあるが、かえって、眼中の眼、すなわち、心眼はいよいよさえて、別天地が開け、常人のおよびもつかない自由自在な道話が生まれたのである。[12]

失明した翌年に、剃髪し、ここにおいて遂に鳩翁、あるいは鳩継庵と称するようになった彼の心学は、目が捉える浮世を超え、心眼によって捉えられた真なる「理」に基づくものとでも表現すべきものであった。道話は、いうまでもなく言葉によって説かれるものであるが、視覚を欠落させていた彼のそれは、まさしく言語情報のみで完結するものであり、鳩翁心学の解し易さ、親しみ易さは、彼の瀕していた困難にこそ起因するとさえいってよかろう。

鳩翁の講釈方法は、すでに述べた通り、道話を用いたものであった。そして、他ならぬこの道話によって、彼は後世にまで名を残すことになるのである。長らく講談師として話術を磨いた鳩翁は、その技術を心学の講席においても最大限に活用したといえよう。平易さのみならず、確かな娯楽性の挿入こそが、鳩翁の道話の特長であり、人気の秘密であった。竹中靖一は、彼の道話をまとめた『鳩翁道話』の性質を、次のように簡明にまとめている。

この書のいちじるしい特徴は、経典の説明よりも、事蹟談、寓話、軽口咄、例話などが、はるかに多いことである。（中略）なかんずく、事蹟談にもっとも力がそそがれ、配するに、寓話や例話をもってして、事実からくる感銘をつよくし、また、軽口咄も随所に入れて、退屈せしめない。とくに、深刻な事蹟談がながくつづく個所などには、かならず、軽口咄や寓話をさしはさんで、話をやわらげている。しかも、全体にわたって、はなしぶりは、まったく妙をえており、軍書講談の前歴をしのばせるにじゅうぶんである。[13]

この巧みな道話によって、鳩翁は多くの熱心な聴衆を獲得していくのであるが、その勢いは、一八三〇（天保元）年を石門心学衰退期の始まりと捉える石川謙にあっても、次のように指摘するほどであった。

既に教勢の統一を失ひ最早衰退の逆境に入つた幕末期の心学界にあつては、一世を統率して立つた心学者を求めることが出来ない。或る意味から言へば当年の心学者は凡べて、地方的存在であつたに過ぎぬ。然し、衰へ行く大勢の中にあつて教勢上の失地回復、新領地開拓に努力貢献した著名な代表者を挙げると、京都に柴田鳩翁、その義子遊翁、江戸に中村徳水、廣島に矢口来應・奥田頼杖、松山（伊予）に近藤平格があつて、各々一方の雄と称するに足りた。[14]

石門心学の総本山は、いうまでもなく京都である。その地に現れた鳩翁は、評判の高い講席を開きつつ、同時に、京都を中心に精力的な教化の行脚まで行っていた。しかしそのことは逆に、一つの大きな疑問を生じさせずにはいまい。これほどの心学講師が出現しながら、なぜ石門心学は衰退していく運命に抗うことができなかったのか。これを解明するには、生き様や足跡を踏まえた上で、鳩翁の思想内容自体に立ち入って考察を行う必要があろう。

第三節　鳩翁の禁欲主義心学

すでに何度か書名を挙げている『鳩翁道話』は、柴田鳩翁が行った講席を、継子である柴田遊翁が聞き書きし、編集したものである。原書は九巻に分かれており、『鳩翁道話』と題された三巻が一八三五(天保六)年、『続鳩翁道話』全三巻が一八三六(天保七)年、『続々鳩翁道話』全三巻が一八三八(天保九)年に刊行されている。現在『鳩翁道話』と呼ばれているのは、上記三書全九巻に加えて、一九二九(昭和四)年に出版された『鳩翁道話拾遺』全二篇である。鳩翁最盛期の講話が数多く掲載された、これらの道話集は、彼の思想を知るための、格好の資料といえよう。

石門心学は、梅岩によって創始されて以来、一貫して教化を重視してきたが、『鳩翁道話』の冒頭に記された次の言葉は、その伝統がわかり易く表出したものと捉えることができる。

心学道話は、識者のために設けました事ではございませぬ。ただ家業に追はれて隙のない。御百姓や

> 町人衆へ、聖人の道ある事を御知らせ申したいと、先師の志でござりまする故、随分詞をひらたうして、譬を取り、或はおとし話をいたして、理に近い事は神道でも仏道でも、何でもかでも取込んで、御話し申します。かならず軽口話の様なと、御笑ひ下されな。これは本意ではござらねども、ただ通じ安いやうに申すのでござります。[15]

一部の特権階級を除くと、日常的に学的な鍛錬を行った上で、専門的な講義を聴いたり、専門的な書を読みこなすことは、時間的に不可能な業であったといってよい。特に、石門心学が主な対象とした町人は、日々家業に打ち込んでおり、彼らに継続的な学究生活を送ってもらうことは到底望めないものであった。鳩翁の道話は、そのような学問に疎い人々にとっても、必ず理解できるような平易な言葉で説かれているのである。

また、上記引用文には、「理に近い事は神道でも仏道でも、何でもかでも取込んで、御話し申します」とあるが、特定の思想や宗教に拘ることを是としないのも、石門心学の伝統的な姿勢である。しかしこれは、様々な思想や宗教に精通しなければ、石門心学のいう「理」に到達できない、という意味ではない。それらは飽くまで手助けになるものでしかなく、いわば「磨種《とぎぐさ》」なのであって、目標となるものではないのである。

『鳩翁道話』（一八三五年／天保六年刊）の第一巻は、孟子のいうところの「仁人心也。義人路也」の意味を平易に解説するところから始められているが、これは鳩翁思想の核心を開示した部分と捉えてよかろう。まずは、「仁」に関する説明からみてみたい。

時に仁と申す事は、畢竟トント無理のないと申すことでござります。此無理のないのが、即ち人の心ぢやと、孟子は仰せられました。此無理のない心を以て、親に仕へまするると孝行となり、主に仕へまするると忠になり、夫婦兄弟朋友の間も又々此通りで、五倫の道はやすらかに調ひます。其無理のない仕様は、親は親のあるべきやう、子は子のあるべきやう、夫は夫のあるべきやう、女房は女房のあるべきやう、此有る可きやうが無理のないところで、即ち仁なり、又人の心でござります。[16]

「仁」とは、すなわち無理がないことを意味するというのは、なかなかに解し難い物言いではある。しかし、可能な限り文脈に即して考えてみると、無理のないこと、「あるべきよう」を心掛けて人に接すれば、そこに「孝」や「忠」が生じ、五倫の「道」も調うというのであるから、意味の確定は難しくとも、結果的にいえば、無理のない在り様を心掛けると、それは「仁」に直結するというのは理解できない話でもない。では、「あるべきよう」とは何か。もう少し、鳩翁の説明を追ってみたい。

もしあなた方が親御へ口ごたへをなされたり、また親を泣かせたり、主人に心配させたり、難儀をかけたり、夫に腹を立てさせたり、女房に心づかいをかけたり、弟を悪んだり、兄を侮つたりを世間へ難儀を懸け散らすは、皆扇で尻を拭ひ、見台を枕にしてござるといふものぢや。[17]

ここで表明されていることは、要するに人間関係において問題を起こさないことが、すなわち「仁」のある行為である、ということである。そして、問題の生じない人間関係は、相手が自分に望む役割を常に演じることによって、維持される。子として、夫として、嫁として、当然期待されるような振る舞いをせよ、ということである。この相手が望む役割、期待される振る舞いとは、つまるところ、その時代と文化が規定する価値規範に依存しよう。

石門心学の教説らしく、「仁」の説明は「心」の働きからも補足される。

この無理のない心を我方で本心と申します。尤も仁と本心と、となへ所によつて少しの差別はあれども、そんな事の吟味すると長うなる。唯本心は無理のないものと思召して、間違ひはござりませぬ。[18]

堵庵や道二に倣って、鳩翁は心学によって至るべきものを「本心」という語で示している。「本心」とは無理のない「心」であり、この「本心」に至れば、「仁」が発揮され、人は友好的な人間関係を維持できる、ということであろう。逆にいうと、無理がある「心」の様でいると、「仁」が発揮されないばかりか、本人としても苦しい思いをせずにはいられないことになる。

今日各様に御一人一人御目にかからいでも、各様方のお心に少しも無理はござりませぬと知れまする。其証拠は言ふまじき事を言ふか。すさまじき事をすると、忽ち腹の中が何とやら心わるう覚える。これ無理のない心をもつて無理をする故、心がねぢれて心悪いのでござります。是はこれ、千人萬人みな同じ事でござります[19]。

鳩翁のいう無理のない「心」とは、かつて堵庵が「有るべかかり」の語で説いたものに相当しよう[20]。ただ、上記引用文だけでは、人は誰もが無理をしない「心」を自身の内に保持しているようにしか思われないが、これは鳩翁の口が少々滑ったものと判断してよい。事実、『続鳩翁道話』（一八三六年／天保七年刊）においては、堵庵の説に近い、次のような記述がみられる。

赤子には私の心がない、至善ばかりぢや。大人には私の心が有つて、夫だけ赤子とちがひます。かるがゆゑに、孟子も、大人は、その赤子の心をうしなはずと、仰せられました。赤子の心とは只私の心のない事を申しまするのぢや。私心なければ、至善ばかりで、我といふものはない、我といふものがなければ、只むかふままなり、向かふままなれば、忠孝はおのづからつとまる道理[21]。

人は誰もが生まれながらに「本心」を持っているが、大人になると私心が育ち、それによって、「本心」は曇らされてしまう。よって、私心を拭い去り、「本心」に立ち返ることこそが、心学の目標として設定されるのである。この議論は、「本心」とは「私案／思案がない」状態を指すとした堵庵の説と、ほぼ同一と考えてよい。なお、堵庵は『朝倉新話』において、「私案」とは次のようなものであると定義している。

此方の私案といふは安排布置の事でござつて、何事も此方から作意するをいひますハイ。何事も私ごとは皆私案でござるハイ。[22]

ここで何より注目すべきは、鳩翁思想においては、私心のない「本心」に基づく身振りが、すべからく世の常識、つまり支配的な道徳規範に外れることがなく、人と人との間柄をうまく取り持つとされていることである。この問題をさらに考えるために、『鳩翁道話』の冒頭に立ち返って、「仁」に続く「義」の説明部分を検討してみたい。

さて「義人路也」とは、義と言ふは無理をせぬ事なり。無理をせねば人交りは申すに及ばず、萬物と交つて宜し。故に古人「義者宜也」と仰せられました。家来としては奉公に精を出すは宜しい、嫁としては舅姑に孝行にし、夫を大切にするが宜しいぢやございませぬか。其外何事でも宜しいのが義でござりまする。其宜しいのが人の道ぢや。[23]

先の「仁」の説明と大変似ているが、「仁」が「無理のない」状態だとすれば、「義」は「無理をせぬ」ことであると、鳩翁は説く。「本心」に従った場合は「無理がない」、「本心」に抗った場合は「無理がある」と考えられるので、「義」は「本心」に従った行為、と考えることができよう。[24]理屈で考えれば、「無理のない」状態、つまり「仁」に到達するためには、日々「無理をせぬ」こと、すなわち「義」の実践が必要である、となろうか。そして、この「義」は同音を持つ「宜」でもあり、これは、その時々に置かれた状況や状態に適切な行為を選択することが、すなわち「義」であることを示している。嫁という立場になれば、舅姑に対し、同時代の道徳規範から考えて、よいとされる振る舞いをしなくてはならない。それが習慣として定着すれば、「仁」に至ることが可能となるのである。

これは一見整合的な議論のようにも思われそうであるが、注意深く再読すれば、結果ありきの道徳論であることに気付かされよう。つまり、現状を与件とするどころか、完全に認め受け容れた上で、それを心理的に正当なものとするために組み上げられた説明である。鳩翁の思惑はどうであれ、「仁」と「義」、および「本心」に関する彼の説明は、現状追認の思想以外、何物でもない。換言すれば、諸個人に対して強烈な禁欲主義を課し、それによって現在の社会秩序を維持、存続させようとする哲学である。その正当性の根拠を、決して固定せず、状況に応じて在り様と身振りを選択せよとする点において、巧妙な現状追認思想に仕上げられている。これは、外部としての社会から、内部としての精神を独立させた堵庵の心学などとは、全く性質を異にしているといわねばならない。

第四節　鳩翁心学における社会と個人

おそらく、自分の境遇を受け容れて、それに相応しくあれとする鳩翁の教説には、梅岩の「形ニ由ノ心」からの影響もあろう。しかし、職分／身分を手掛かりに性理に到達せんとする梅岩の心学に比べ、鳩翁のそれは余りに安易に思われる。もちろん、この安易さは、教化に重きを置いた表現の簡易化による部分もあろうが、「心」と「形」の一致という神秘的な存在論は鳩翁心学には存在せず、その意味で「形ニ由ノ心」とは別物と考えられるべきであろう。すなわち、簡易化ではなく、思想の変更である。このことを考えるために、『鳩翁道話』に数多く散りばめられた挿話を幾つか検討してみたい。

昔一の谷のいくさのとき、源義経公が、丹波の三草から、摂津国へおしよせらるるとき、山中に日を暮して、案内は知らず、武蔵坊弁慶を召して、例の大松明をともせと御意なされた。弁慶畏まつて、諸軍勢に下知をつたへ、走りちつて、谷々にある家々に火をかけますれば、一面に燃上る。此火の光りを便りとして、一の谷へ出られたと承ります。ここを能う考へて御らうじませ。是はおれが蔵ぢやの、是はおれが家ぢやの、是はおれが田地ぢやの、是はおれが娘ぢやの、どのやうにおれがおれがをかつぎあるいても、天下の乱れてあるときは、スツポンの間にも合ひませぬ。有がたい事には四海太平にをさまり、御仁政の至らぬ隈も無く、それぞれの御役人様が、夜のまもり昼のまもりと、御まもりなされてござればこそ、屋根の下に寝てはゐらるれ。[25]

挿話の展開や用い方に関しては、一流の講談師であった前歴を存分に発揮したもので、全くもって見事という他ない。この「一の谷の大松明」と呼ばれる道話でいわれていることは、すなわち戦乱などで社会が荒れてしまっては、個人が自己や、その権利を主張することはできなくなる、ということである。個人は決してそれのみで完結できる存在ではなく、社会から独立した個人を想定して、思想を編み上げることは意味を持たない。確かに鳩翁のいう通りであり、社会秩序なくして、人の安定した生活は決して成り立ち得まい。

これに加えて、鳩翁の道話の中で、最もよく知られた道話の一つも検討してみたい。これは、「さざえ十六文」と呼ばれる寓話である。

アノ栄螺と申す貝は、手丈夫な手厚い貝で、しかも丈夫な蓋がある。ソコデあの栄螺が何ぞといふと、うちから蓋をぴつしやりと〆て、丈夫な事ぢやと思うて居ますする。鯛や鱸がうらやましがり、コレさざえや、おまへの要害は大丈夫なものぢや、うちから蓋をしめたが最後、外からは手がさせぬ、さりとては結構な身の上ぢやといへば、栄螺が髭をなでて、おまへ方が其様にいうてくれるけれど、あまり丈夫な事もない。しかしながらマアかうしてゐれば、まんざら難儀な事もないと、卑下自慢をしてゐるとき、ざつふりと音がする。栄螺がうちから急に蓋をしめて、じつと考へてゐながら、今のは何であつたかしらぬ、網であらうか、釣り針であらうか、是ぢやによつて要害が常にしてないと、どうにもならぬ。鯛やすずきは取られたかしらぬ、さても心もとない事ではある。シタガまづおれは助かつたと、兎角するうち時刻もうつり、モウよからうとそつと蓋をあげ、あたまをぬつとさし出して、そこらを見まはせば、何となう勝手が違ふやうな。よくよく見れば魚屋町の肴やの店に、此栄螺十六文と、正札付になつてゐました。[26]

石川謙は、先の「一の谷の大松明」や、上の「さざえ十六文」の挿話を、「義が個人個人の手前勝手な小理屈や意欲以上のものである点を示唆する」[27]ものと捉えているが、果たしてそうであろうか。「さざえ十六文」の寓話の後には、次のような言葉も見受けられる。

すべて是まで申すところは、金銀財宝の事ばかりではない。器量をたのみ、奉公をたのみ、智慧をたのみ、分別をたのみ、力をたのみ、格式をたのみ、これさへあれば、大丈夫ぢやと思うてござる人は、みな栄螺の御連中ぢや。[28]

可能な限り自然に解せば、鳩翁は先の二つの挿話によって、社会秩序の他に換え難い価値を説き、人が往々にして物質的、精神的な私益の確保に暴走することを諌めているのであろう。「さざえ十六文」は、優れた能力を持つ個人が、社会とは無縁に、生命を含む自己の財産を守ろうとしても、思いもせぬところで足を掬われることを、聴衆に対し感覚的に教え込むものといえる。ひいては、「仁」や「義」などの徳目も、決して社会を離れて独立に存在するものではなく、社会秩序と相即不離の関係にあることを、具体性を持たせながら伝えるものと捉えるべきである。

しかし、ここで注意しておく必要があるのは、鳩翁の思想において、個人の価値や多様性、自由はほとんど認められていないということである。先ほど、彼の思想においては、道徳規範は社会の姿によって決定されると論じたが、ここから導かれる禁欲主義は、そのまま自身の身分と職分を甘受し、それに日々打ち込むことを奨励するものとなる。なぜ、眼前に広がる社会が正当なのかといえば、それが一見平和であることが、唯一にして絶対の理由として挙げられる。

堯舜の御代といへば、遊んでゐても口過の出来るもののやうに思ひ、延喜天暦の聖代といへば、只酒のんでゐらるるとおもふは、みな迷ひでござります。聖人の御代ほど、家業に精出し、正直にせねば、世わたりは出来ませぬ。お互に今日、けつこうな御代に生れ合せ、乱ばう狼藉の患ひもなく、山家の隅々、海のはしばしまで何ひとつ不自由のない、有難い御上様の御仁恵をかうむり、せめてもの冥加のために、めいめい分限をかへりみて、其止まるべき所にとどまり、大切に御法度を守りて、少しでも御苦労を、かけてたてまつらぬ様にいたさねば、罰があたります。[29]

梅岩や堵庵、道二の教説にみられる先進性は、鳩翁のそれには全く見当たらない。上に引いた言葉が伝えようとしていることは、幕藩体制に対する手放しの礼賛であり、その維持のために力説される個人の禁欲である。個人は決して社会に優先するものではなく、それどころか、社会と同じような価値を持つものでもない。

もちろん、鳩翁の思想においては、身分や職分を問い直すことは決して許されない。『続々鳩翁道話』（一八三八年／天保九年刊）には、次のように記されている。

別して大事大切にせねばならぬは、御銘々の家業ぢや。此家業は、みな是其家々の、御先祖さまや、大父祖様、親御の代から、仕来りの家業でござります。此家業をはじめることは、一朝一夕のことぢやござりませぬ。鑓に血をつけたり、鎧の袖をしきねにしたり、又は肩に棒を置いたり、あるひは草鞋を作つたり、雨にそぼぬれ、雪にうたれ、食ふものも得くはず、着る物も得着ず、口をしい目も勘忍したり、千苦萬苦して、この家業のもとゐを御立てなされたのぢや。その子孫として、己が勝手の気随にまかせて、此仕事は引あはぬの、畑仕事はきらひぢやの、こんな小商ひしては、渡世になる物かなどと、とかく余所外へ、目がついて、仕来りの家業が、いやになります。ソコデ百姓が商ひをし、商人が医者になり、いろいろにばけて、世間の人をたぶらかす、恐しい事でござります。[30]

梅岩は、社会の仕組みを冷静に分析し、四民それぞれに肝要な役割があるがゆえに、家業に精励せよ、と冷静に説いた。しかし、鳩翁思想からは、そのような社会哲学的視点は完全に欠落している。ただ、先祖代々続けてきた仕事であるから、家業は尊いと感情的に繰り返すのみである。そして、家業の変更に関しても手厳しく批判する。その理由とされるのは、「世間の人をたぶらかす」ということであり、理屈を超えたものであった。

幕藩体制を支える精神と、人の「本心」は同一のものであり、その根拠として挙げられるのは、生活の安定のみという有り様である。鳩翁に至って、石門心学は理性の自由を完全に手放してしまったとするのは、決して大袈裟な指摘ではなかろう。

第五節　鳩翁心学における諦念

鳩翁の生涯について言及した際、彼の心学は「心眼によって捉えられた真なる『理』に基づくもの」と表現したが、これには理由がある。次の寓話は、「京の蛙と大阪の蛙」として、今もよく知られているものである。[31]

むかし京にすむ蛙が、兼て大阪を見物せんと望んで居りましたが、此春思ひ立つて、難波名所見物と出かけ、のたのたと這ひまはり、西の岡向うの明神から、西街道を山崎へ出、天王山へ登りかかりました。又大阪にも都見物せんと思ひ立つた蛙があつて、是も西街道瀬川あくた川高槻山崎と出かけ、天王山へ登りかかり、山の嶺で両方出会ました。[32]

天王山で出会った二匹は、ここまでの道程で相当に疲れており、残された約半分の距離を旅するのは随分と大変であろうと考える。ところで、ここは天王山の頂であり、随分と遠くまで見渡せる場所ではないか、とも気付く。それに続くのが、次の部分である。

ナント互に足つまだて、背のびして見物したら、足の痛さも助からうと、相互に相談きはめて両方がたちあがり、足つま立てて向うをきつと見渡して、京の蛙が申しまするは、音に聞えた難波名所も、見れば京にかはりはない、術ない目をして行かうより、是からすぐに帰らうといふ。大阪の蛙も目をぱちぱちして、嘲笑うていふやう、花の都と音には聞けど、大阪に少しもちがはぬ、さらば我等も帰るべしと、双方互に色代して、又のさのさと這うて帰りました。[33]

この話の滑稽さは、蛙が背中側に目の付いた動物であることを想起すれば、おそらく理解できよう。爪先立ちになって必死に見渡した風景は、実は自分の故郷のそれに他ならない。人は目に映じたものを真実であると思いがちであるが、その目がどこに付いているかをしっかり認識しておかねばならない、との教訓が込められた寓話である。加えて、物理的な目にのみ頼ることの危うさを説くものといってもよい。鳩翁が、心眼の人であるとされることが多いのは、このよく知られた寓話の影響からでもある。実際の目ではなく、いわば心眼を確保するには、私心を捨て、「本心」に立ち返る必要があるということは、すでにみた通りである。ここでは、他の表現によって語られたものを検討しておきたい。次の言葉は、『鳩翁道話』（一八三五年／天保六年刊）より引いたものである。

只親を大事とおもふばかりで、我身のことはすこしもかまわぬ、これがほんの我なしと申すものぢや。

此我なしといふものは、有がたいもので、身の勝手をせぬゆゑ、かへつて身の勝手になりまする。願はずして家の相続が出来る。御上より世間にも、孝行なものぢやと誉められ、する事なす事勝手のよい事ばかりになる。真実の身贔屓身勝手がなされたくば、我なしに御なりなされませ。我なしといふて体が消えて仕舞ふのではない、おれが、といふ心がなくなるのでござります。[34]

「我なし」とは、明らかに私心を捨てて、「本心」に至った状態を指している。しかし、心学の伝統的な用語法でありながらも、鳩翁がここにおいて「我なし」という語を用いていることは、非常に示唆に富んでいる。彼は「仁」を「無理のない」状態であり、「義」を「無理をせぬ」事であると論じていたが、ここに人は「我なし」であるべし、との補助線を引けば、思想全体がはっきりと見渡せることになろう。改めて指摘するまでもなく、「我なし」という語は、仏教用語である。三法印の一つ、「諸法無我」に由来するものと考えて間違いない。「諸法無我」とは、全ての事物には永遠不変の実体はないとする考え方で、関係性の中にこそ正しさをみて取る、鳩翁の思想とは極めて親和性が高い。しかし、個人や徳目に内実を認めず、無我としながらも、幕藩体制は一つの実体としてしまっている辺りに、鳩翁の限界を認めねばなるまい。

また、私心を捨て去り、無我たる「本心」に至ったならば、次のようなことが深く理解できるようになると、彼は述べている。

心学をするは、何も外の事を、稽古するのではござりませぬ。なることはなるとしり、ならぬ事はならぬとしる、故に甚だ安楽にござります。此安楽をせうとおもへば、本心をしるが始めぢや、本心をしれば、無理は出来ぬ。もし本心をしつて、無理をする人が有つたら、それは本心をしらぬのでござります。[35]

「なることはなるとしり、ならぬ事はならぬとしる」とは、具体的には、自らの社会的立場を全面的に受け容れ、職分を全うすることである。社会の姿態に関しては、思考したり、さらには改変を試みることなど決して許されない。なぜなら、いくら考えようが、行動しようが、社会が変化するなどということは「ならぬ事」であるがゆえ、である。鳩翁の語り口は明るいが、ここに込められたのは大きな諦念であり、行き着く先は思考停止に他ならない。竹中靖一は、この点を次のように整理、記述している。

このような考えは、「なることをなるとしり、ならぬことをならぬとしる」心学の立場から、幕藩体制の社会秩序を破ることは、「ならぬこと」であるとする、あきらめからきた帰結である。当代封建体制下で、庶民が安住の地をうるためには、各自の分に相応することをもとめ、それ以上のことを願わず、身欲のために、いたずらに、心を労することをなくする道があるのみである。それが知足安分のもつ庶民的な意味である、ということができるであろう。[36]

本章における検討から結論付けられるのは、鳩翁に対して現在下されている低い思想的評価は、決して理由のないことではない、ということになる。堵庵や道二とは異なり、鳩翁の心学には哲学的探求がほとんどみられない。それでも、当時多くの聴衆を獲得したのは、最盛期に比すれば衰えながらも、石門心学という強力な看板があったことと、彼自身に抜群の話術があったこと、この二つの理由からと推測される。また、彼が諸藩より教化を要請されたのは、彼の説くところが幕藩体制にとって都合の良いものであったがためとする他なく、「封建支配の具に供された」[37]との指摘は、全くもって正しいものといえよう。

世は明治維新を眼前に控えた一大変革期に際会して、幾多の試行錯誤の方途が繰返されつつあつた時である。庶民を現状に封じ込んで置かうとする諸藩にこそ心学は調法な道具として利用せられたが、一洗一新の意気に燃え立つ時代精神からは到底容れらるべくもなかつた。かくて百五十年伝来の心学は、梅岩の昔にかへつて社会革新の第一線に立つ教化運動にまで自らを改造するか、教化使命から目を背けて社会の進展とは無関係に、ひたすら個人個人の自己修養、安心立命の学として引籠るか、二つに一つの岐路に立つたまま明治維新を迎へたのである。[38]

これは、石川謙が幕末期における石門心学の状況を描出したものである。あえて指摘するまでもなく、結果として、鳩翁は「安心立命の学として引籠る」方を選択した心学者であった。もちろん、彼の道話によって心の安寧を得た者もいたであろうが、思想内容自体は、近代性を大きく欠いたものとする他ない。個人の理性の働きを極限まで束縛し、非合理な禁欲主義を強いる思想が、近代の壁を突破することはいかにしても考えられまい。石門心学が、近世の終わりに衰退の途を歩んだことには、思想的な理由が確かに存したとすべきである。

注

1 石川謙『石門心学史の研究』（岩波書店・一九三八年）、七六七頁。なお、石川による心学の時代区分がその根拠としているのは、主に布教国と心学舎の数の推移であり、その意味で極めて高い客観性を担保している。
2 同書、七七四頁。
3 『道二翁道話三篇』、石川謙校訂『道二翁道話』（岩波書店・一九三五年）所収、一〇七頁。
4 竹中靖一『石門心学の経済思想　増補版』（ミネルヴァ書房・一九七二年）、五五六頁。
5 同書、六四一頁。
6 山本眞功「柴田鳩翁」、子安宣邦監修『日本思想史辞典』（ぺりかん社・二〇〇一年）所収、二三八頁。
7 前掲『石門心学の経済思想　増補版』、六五〇頁。

8 拙論「江戸後期における陽明学と武士道の連関―大塩中斎・山田方谷・河井継之助―」、『大阪学院大学経済論集』（第二二巻第二号）（二〇〇八年）所収、七七〜九四頁。

9 道二の人生に関しては、石川謙校訂『鳩翁道話』（岩波書店・一九三五年）、前掲『石門心学史の研究』、前掲『石門心学の経済思想　増補版』、前掲『日本思想史辞典』などを参考とした。

10 前掲『鳩翁道話』、一一九頁。

11 ここでいう十二ヶ国とは、丹後、丹波、越前、摂津、山城、播磨、近江、和泉、伊勢、大和、伊賀、美作を指す。よって、鳩翁の活動区域は、主に関西地方であると理解できる。

12 前掲『石門心学の経済思想　増補版』、六四七頁。

13 同書、六四一〜六四二頁。

14 前掲『石門心学史の研究』、八二二頁。

15 前掲『鳩翁道話』、二二五〜二二六頁。

16 同書、二二六頁。

17 同書、二二六〜二二七頁。

18 同書、二二七頁。

19 同書、同頁。

20 手島堵庵『論語講義』、手島堵庵著・柴田實編『増補　手島堵庵全集』（清文堂・一九七三年）所収、四六五頁。

21 前掲『鳩翁道話』、一三五頁。

22 手島堵庵『朝倉新話』、前掲『増補　手島堵庵全集』所収、二四九頁。

23 前掲『鳩翁道話』、二一八頁。

24　石川謙『心学　江戸の庶民哲学』（日本経済新聞社・一九六四年）、一七二～一七三頁。
25　前掲『鳩翁道話』、三二頁。
26　同書、三三～三四頁。
27　前掲『心学　江戸の庶民哲学』、一八〇頁。
28　前掲『鳩翁道話』、三四頁。
29　同書、一四〇～一四一頁。
30　同書、一八四～一八五頁。
31　なお、この寓話は日本のみならず、イギリスをはじめ、ヨーロッパ諸国でも知られている。鳩翁道話の巧みさを思い知らされる事例である。例えば、前掲『心学　江戸の庶民哲学』、一七六頁を参照。
32　前掲『鳩翁道話』、三二頁。
33　同書、三一頁。
34　同書、八〇頁。
35　同書、一三九頁。
36　前掲『石門心学の経済思想　増補版』、六六七頁。
37　同書、六六六頁。
38　前掲『石門心学史の研究』、七八〇頁。

結　言

たっぷり時間をかけて哲学者たちを綿密に吟味し仔細に観察したあげく、私は次のような考えをいだくにいたっている。――われわれは、意識的な思考の大部分を、やはり本能の活動の一種と見なさなければならない。哲学的な思考でさえもその例に洩れない。遺伝や〈天性〉に関して学び直したように、この点でもわれわれは学び直さなければならない。

――フリードリッヒ・ニーチェ著、信太正三訳『善悪の彼岸』、『善悪の彼岸　道徳の系譜』（筑摩書房・一九九三年）所収、二〇頁。

石門心学の研究が最も活発であった時期は、文献から判断するならば、一九三〇年代といってよいはずである。この時期における心学研究の金字塔が、石川謙による『石門心学史の研究』（岩波書店・一九三八年）であり、一三〇〇頁を超えるその書には、貴重な歴史的資料に基づいた記述と、著者一流の哲学的分析が詰め込まれていた。今に至っても、これを質量両面において、凌駕する研究書は生み出されていない。当時の石川は、自身の著作のみならず心学の原典を出版することにも注力しており、『道二《どうに》翁道話』（岩波書店・一九三五年）、『鳩翁《きゅうおう》道話』（岩波書店・一九三五年）、『松翁《しょうおう》道話』（岩波書店・一九三六年）などの校訂も手掛けた。上記三種の道話集に加え、白石正邦の編集による『手島堵庵《てしまとあん》心学集』（岩波書店・一九三四年）、足立栗園校訂による『都鄙問答《とひもんどう》』（岩波書店・一九三五年）などが文庫として入手可能であった。また、明倫舎編による『手島堵庵全集』（明倫舎・一九三一年）の存在も、忘れてはなるまい。一九三〇年代は、石門心学を巡る状況が今とは比べることもできぬほどに豊かなものであったことが察せられよう。

戦後の石門心学研究は、柴田實の編集による『石田梅岩《いしだばいがん》全集（上・下）』（石門心学会・一九五六年）の発行に始まる。なお、この全集は実質的に自費出版であり、僅か三〇〇部しか刷られることがなかったため、一九七二年に清文堂出版より再版されるまでは入手が極めて困難であった。そして、石門心学研究の勢いが本格的に復活するのは、一九五七年に米の社会学者であるR・N・ベラーが、後に『日本近代化と宗教倫理』（一九六二年・未来社）というタイトルで邦訳される書を発行してからである。現在、『徳川時代の宗教』と改題され、岩波文庫に収められているこの研究書は、日本の近代化の思想的要因として石門心学に注目したものであり、これによって、一九六〇年代の日本では石門心学への注目度が俄然高まったのであった。それを反映してか、石川謙による『心学　江戸の庶民哲学』（日本経済新聞社・一九六四年）と、『石田梅岩と「都鄙問答」』（岩波書店・一九六八年）という、極めて贅沢な新書二種も発行されている。心学研究の第一人者によるこれらの書は、高度な内容を平易な表現で語ったものであり、多くの読者に正しく心学の精神を伝えたことが想像されよう。学術的なものとしては、『石門心学史の研究』を参照しつつ、新しい研究成果を加えた、竹中靖一の労作『石門心学の経済思想』（ミネルヴァ書房・一九六二年／改訂版は一九七二年）が刊行されている。同年には、柴田實による伝記『石田梅岩』（吉川弘文館・一九六二年）も登場し、梅岩という人物自体も広く知られることとなった。

一九七〇年代に入ると、梅岩・堵庵・淇水《きすい》・道二・鳩翁・松翁・柳泓《りゅうおう》という錚々たる心学者たちの言葉が一書で読める、『日本思想大系42　石門心学』（岩波書店・一九七一年）が発行され、翌々年には、その書と同じく柴田實によって編まれた『増補　手島堵庵全集』（清文堂・一九七三年）が出ている。一九七〇年代の終わりに出版された論文集、『石田梅岩の思想　「心」と「倹約」の哲学』（ぺりかん社・一九七九年）は、梅岩の心学に対し哲学的に迫ったものであり、この時代における石門心学研究の質の高さが窺えるものであった。

しかし、一九八〇年代以降を眺めると、石門心学に対する学問的、あるいは一般からの関心は明らかに低下する。そして、二〇〇〇年以降は、上記の学術書も一般書も、ほとんどが絶版となり、石門心学の実体に触れる機会が著しく減少することとなってしまうのである。二〇〇〇年以降に出た、ある程度以上専門的内容を持つ書で、一冊丸ごと石門心学を取り扱ったものは、『石田梅岩の思想　「心」と「倹約」の哲学』の続編に当たる論文集『石門心学の思想』（ぺりかん社・二〇〇六年）と、昨年出版された『公共する人間2　石田梅岩』（東京大学出版会・二〇一一年）ぐらいのものである。

もちろん、ここに名前の出ていない石門心学関連の書、特に一般書も存在するが、そこに記された解釈は、ほとんどが上記書籍、あるいはそれらの著者の読みに沿ったものであった。つまり、一九七〇年代以降は、石門心学に対する新しい解釈は、ほとんど提出されていない。緒言でも述べたように、梅岩の名は今でも広く知られているが、その読みの更新は三〇年以上止まったままといっても、決して大袈裟ではない状況である。そして、堵庵以下に至っては、顧みることすら失念されていると考えてよい。

私が石門心学に興味を持ったのは、日本思想と近代に関して本格的に研究を始めて間もなくであるが、それを主題とした論文を書くことを考えたのは、学界における堵庵に対する評価の低さを知ってからであった。そしてもう少し調べていくと、大部分の専門書や論文、あるいはそれらを元に著された一般書においても、石門心学の思想的頂点は、始祖である梅岩によってもたらされたものという、暗黙の前提が為されていることに気付いた。心学徒の数は増えようとも、思想的な発展はみられず、むしろ教化という目的のために、時代を下るに従って梅岩の思想は簡易化されていったというのが、石門心学に対して大勢を占める認識のようである。本書の第三章において引用した丸山眞男の言葉は、今でもそのまま石門心学の評価として通用するはずである。

堵庵は、「性の知覚」から「本心を知ること」への変更について、それは「用語的な」簡易化であると明言している。しかし、彼は師・梅岩の目指した到達点に関しては、一切変更していないことも述べていた。つまり、「性の知覚」と「本心を知ること」の先にあるものは、全く同一の境地であるということである。よって、石門心学研究の多くは、堵庵の言葉を否定していると考えてよい。

そして梅岩に関しては、その社会哲学的視点を評価するが、これが「形《カタチ》ニ由《ヨル》ノ心《ココロ》」を基盤に据えているがゆえに、時代的先進性を減損させていることは、余り取り上げられることがない。加えていうならば、この「形ニ由ノ心」という性理学と、「性の知覚」から「本心を知ること」へのいい換えの関連については、これまで正面から考察されることが、ほぼなかった。しかし、これこそが堵庵の思想を正しく評価するために、欠くべからざる視点を提供するものであり、逆にいうならば、この視点を見出せなければ、堵庵を正しく知ることはできない上、石門心学が広く受け容れられた真の理由を解することも不可能となるのである。

これにも深く関連することであるが、梅岩の手による二書、『都鄙問答』と『斉家論《せいかろん》』の間に存する差異も、これまで考えられることがなかった。本書は、この二つの著作の間に大きな亀裂が走っていることを指摘するものであるが、梅岩がこの間に「本当に思想的な変更を行ったのか」については、誰も知ることができない。『石田先生語録』などを参照した上でいうならば、意識的には「倹約」の概念に対する変更を行っていない可能性も高い。しかし重要な点は、「形ニ由ノ心」という性理学を抜きにして『斉家論』が成立していることであり、換言するならば、『斉家論』は「形ニ由ノ心」を前提とせずに理解が可能、ということである。

堵庵は、梅岩の『都鄙問答』も心学徒たちへの教科書としたが、そこに記された全てをそのまま受け容れた訳でないことは、「本心を知ること」という、いい換え一つを取り上げても理解できるところである。「『斉家論』―堵庵―道二」という系譜において、石門心学の新しい読みを提示しようとするのが、本書の主題である。これはもちろん、これまでの心学研究を否定しようとするものではない。批判的継承こそが、思想史の正しい姿である。本書において為された考察も、多くの偉大な先人たちの研究があってこそ、成立したものといわねばなるまい。それを示すためにも、自身が立ち上げた意見、視点ではないと自覚できる部分に関しては、可能な限り引用を行いつつ、論を進めることに努めたつもりである。

本書は、『大阪学院大学経済論集』に発表した、次の六つの論文によって構成されている。ただし、収録するにあたって、いずれの論文にも大幅な加筆と修正を加えた。本書は学術書の体裁をとっているが、日本思想などに関する知識がなくても読むことができるよう、適宜説明を付加し、可能な限り平易な表現を心掛けた。石門心学を取り扱う書が、晦渋な文章に溢れていては、もはや滑稽という他ない。

・「石田梅岩『都鄙問答』における経済倫理思想――その現代的可能性と限界」(『大阪学院大学経済論集』第二三巻第一号・二〇〇九年六月)。
・「石田梅岩『倹約斉家論』における道徳哲学の再検討――『都鄙問答』との比較を通して」(『大阪学院大学経済論集』第二三巻第二号・二〇〇九年一二月)。
・「石門心学史における手島堵庵の思想的位相――外形的制約からの決別と『本心』」(『大阪学院大学経済論集』第二四巻第一号・二〇一〇年六月)。
・「中沢道二の『道話』哲学にみる存在論的転回――石門心学隆盛の時代とその真因」(『大阪学院大学経済論集』第二四巻第二号・二〇一〇年一二月)。
・「柴田鳩翁の『道話』における禁欲主義心学――石門心学の思想的変容と退潮」(『大阪学院大学経済論集』第二五巻第一号・二〇一一年六月)。
・「布施松翁における『知足安分』の心学と老荘思想――興隆期石門心学の思想史学的一分析」(『大阪学院大学経済論集』第二五巻第二号・二〇一一年一二月)。

第一章から第四章までの並びは、論文が発表された順に対応したものである。ただし、最後の二章のみ、発表順とは逆に収録した。なお、章の構成は、緒言において記した通り、第四章と第五章を除くと、心学者がこの世に生を受けた順である。

本書において高い評価がなされているのは、堵庵と道二であるが、これは他の心学者が彼ら二人に劣っていたと主張するものではない。近代性という尺度から眺めれば、堵庵と道二が頭抜けていることは疑いないものの、例えば松翁などは、石門心学興隆期における、大黒柱となった思想家として評価してもよいように思う。ただし、鳩翁に至ると、明らかに心学の卑俗化と、性質の転換が存すると指摘しなくてはならない。それでも、彼の「心眼」によって構成された道話が、現実という表層の下にあるものを探求する姿勢を多くの人々に教え伝えたであろうことは推測でき、それは十分評価に値する。

心学を生み出した梅岩が偉大なのは当然であるが、残念ながら、彼に堵庵という弟子がいなければ、我々の知る石門心学は決して成立し得なかったであろう。学派としてはもちろん、教化に関しても、基礎を築き上げたのは堵庵である。ベラーの近代化論に現在どの程度の賛同者がいるかは別問題として、もし石門心学と日本近代化に何らかの繋がりがあったとすれば、堵庵抜きにして日本近代思想の系譜学は成立し得ないこととなろう。そして本書は、ベラーとはまた違った方法で、それを主張するものであると明言しておきたい。

最後に、本書を刊行するにあたって、お世話になった方々への謝辞を記したい。

優れた学究環境を提供して下さった勤務校・大阪学院大学と同大学総長・白井善康先生、論文を発表する機会を与えて下さった同大学経済学会、そして、着任以来、様々にご指導、およびお気遣い下さった同大学経済学部長・林一彦先生と、同学部長代理・武井章弘先生には、心より感謝の意を表したい。また、本書が出版に至った第一の要因は、大阪学院大学流通科学部教授・片山邦雄先生が、『経済学入門』（八千代出版・二〇〇七年）への寄稿をご依頼下さったことである。厚くお礼を申し上げたい。そして、本書の企画にご賛同の上、出版の機会を提供下さった八千代出版株式会社社長・大野俊郎さん、丁寧かつ迅速な編集作業をして下さった深浦美代子さんにも、深謝申し上げる次第である。

まだまだ駆け出しながら、私に研究者としての今があるのは、長らくご指導下さった京都大学大学院人間・環境学研究科教授・佐伯啓思先生のお陰である。深甚なる謝意を表したい。大阪学院大学において、社会思想史の講義を受けてくれた学生の皆さん、過去の、そして現在のゼミ生の皆さんにも、お礼を申し上げる。本書が僅かでも石門心学の精神を引き継いだ雰囲気を持つものであるとすれば、それは数え切れないほどの「対面の」授業、そしてその中での問答という経験にこそ、起因するものであると確信している。

二〇一二年三月

森田健司

【主要参考文献】

Hannah Arendt, *The Human Condition*, The University of Chicago Press, 1958. ハンナ・アレント著、志水速雄訳『人間の条件』（筑摩書房・一九九四年）。

伴蒿蹊著・中野三敏校注『近世畸人伝』（中央公論新社・二〇〇五年）。

Robert N. Bellah, *Tokugawa Religion–The Cultural Roots of Modern Japan*, The Free Press, 1985. R・N・ベラー著、池田昭訳『徳川時代の宗教』（岩波書店・一九九六年）。

尾藤正英『日本封建思想史研究　幕藩体制の原理と朱子学的思惟』（青木書店・一九六一年）。

尾藤正英『江戸時代とはなにか　日本史上の近世と近代』（岩波書店・二〇〇六年）。

尾藤正英『日本文化の歴史』（岩波書店・二〇〇〇年）。

Raymond Geuss, *Public Goods, Private Goods*, Princeton University Press, 2001. レイモンド・ゴイス著、山岡龍一訳『公と私の系譜学』（岩波書店・二〇〇四年）。

Jürgen Habermas, *Strukturwandel der Öffentlichkeit, Untersuchungen zu einer Kategorie derbürgerlichen Gesellschaft*, Suhrkamp Verlag Frankfurt am Main, 1990. ユルゲン・ハーバーマス著、細谷貞雄・山田正行訳『公共性の構造転換　第二版』（未来社・一九九四年）。

平田雅彦『企業倫理とは何か　石田梅岩に学ぶCSRの精神』（PHP研究所・二〇〇五年）。

平石直昭『一語の辞典　天』（三省堂・一九九六年）。

古田紹欽・今井淳編『石田梅岩の思想　「心」と「倹約」の哲学』（ぺりかん社・一九七九年）。

蜂屋邦夫訳注『老子』（岩波書店・二〇〇八年）。

今井淳・山本眞功編『石門心学の思想』（ぺりかん社・二〇〇六年）。

石田梅岩著、足立栗園校訂『都鄙問答』（岩波書店・一九三五年）。

石川謙校訂『道二翁道話』（岩波書店・一九三五年）。

石川謙校訂『鳩翁道話』（岩波書店・一九三五年）。

石川謙校訂『松翁道話』（岩波書店・一九三六年）。

石川謙『石門心学史の研究』（岩波書店・一九三八年）。

石川謙『心学　江戸の庶民哲学』（日本経済新聞社・一九六四年）。

石川謙『石田梅岩と「都鄙問答」』（岩波書店・一九六八年）。

石川謙『増補　心学教化の本質並発達』（青史社・一九八二年）。

金谷治訳注『荘子　第一冊　内篇』（岩波書店・一九七一年）。

金谷治訳注『荘子　第二冊　外篇』（岩波書店・一九七五年）。

金谷治訳注『荘子　第三冊　外篇・雑篇』（岩波書店・一九八二年）。

金谷治訳注『荘子　第四冊　雑篇』（岩波書店・一九八三年）。

片岡龍・金泰昌編『公共する人間2　石田梅岩』（東京大学出版会・二〇一一年）。

加藤周一責任編集『日本の名著18　富永仲基　石田梅岩』（中央公論社・一九七二年）。

川口浩『江戸時代の経済思想　「経済主体」の生成』（勁草書房・一九九二年）。

子安宣邦監修『日本思想史辞典』（ぺりかん社・二〇〇一年）。

黒住真『近世日本社会と儒教』（ぺりかん社・二〇〇三年）。

黒住真『複数性の日本思想』（ぺりかん社・二〇〇六年）。

丸山眞男『日本政治思想史研究』（東京大学出版会・一九五二年）。

丸山眞男『日本の思想』(岩波書店・一九六一年)。

丸山眞男『丸山眞男集(全15巻)』(岩波書店・一九九七年)。

丸山眞男『忠誠と反逆　転換期日本の精神的位相』(筑摩書房・一九九八年)。

丸山眞男『丸山眞男講義録　第一冊』(東京大学出版会・一九九八年)。

源了圓『徳川合理思想の系譜』(中央公論社・一九七二年)。

源了圓『徳川思想小史』(中央公論社・一九七三年)。

源了圓『近世初期実学思想の研究』(創文社・一九八〇年)。

宮城公子『幕末期の思想と習俗』(ぺりかん社・二〇〇四年)。

溝口雄三『公私』(三省堂・一九九六年)。

水田洋『アダム・スミス　自由主義とは何か』(講談社・一九九七年)。

森三樹三郎『老子・荘子』(講談社学術文庫・一九九四年)。

中村春作『江戸儒教と近代の「知」』(ぺりかん社・二〇〇二年)。

小川晴久編『実心実学の発見　いま甦る江戸期の思想』(論創社・二〇〇六年)。

大田南畝『日本随筆大成　別巻6　一話一言　6』(吉川弘文館・一九七九年)。

相良亨『相良亨著作集1　日本の儒教Ⅰ』(ぺりかん社・一九九二年)。

相良亨『相良亨著作集2　日本の儒教Ⅱ』(ぺりかん社・一九九六年)。

Janine Anderson Sawada, *Confucian Values and Popular Zen: Sekimon Shingaku in Eighteenth-Century Japan*, University of Hawaii Press, 1993.

柴田寅三郎編『鳩翁遺稿』(刀江書院・一九二九年)。

柴田實編『石田梅岩全集(上・下)』(清文堂出版・一九五六年)。

柴田實『石田梅岩』（吉川弘文館・一九六二年）。

柴田實校注『日本思想大系42　石門心学』（岩波書店・一九七一年）。

柴田實監修・森田芳雄著『倹約斉家論のすすめ　石田梅岩が求めた商人道の原点』（河出書房新社・一九九一年）。

Adam Smith, *The Theory of Moral Sentiments*, London: Printed for A. Millar, in the Strand; And A. Kincaid and J. Bell, in Edinburgh, 1759.　アダム・スミス著、水田洋訳『道徳感情論（上・下）』（岩波書店・二〇〇三年）。

Tessa Morris-Suzuki, *A History of Japanese Economic Thought*, Routledge, 1989.　テッサ・モーリス＝スズキ著、藤井隆至訳『日本の経済思想　江戸期から現代まで』（岩波書店・一九九一年）。

田原嗣郎『徳川思想史研究』（未来社・一九六七年）。

竹中靖一『石門心学の経済思想　増補版』（ミネルヴァ書房・一九七二年）。

手島堵庵著・白石正邦編『手島堵庵心学集』（岩波書店・一九三四年）。

手島堵庵著・柴田實編『増補　手島堵庵全集』（清文堂・一九七三年）。

渡辺京二『江戸という幻景』（弦書房・二〇〇四年）。

和辻哲郎『和辻哲郎全集（全27巻）』（岩波書店・一九六二年）。

山田芳則『幕末・明治期の儒学思想の変遷』（思文閣出版・一九九八年）。

由井常彦『都鄙問答　経営の道と心』（日本経済新聞社・二〇〇七年）。

タ　行

ナ　行

ハ　行

マ　行

索　引

ア　行

カ　行

サ　行

【著者略歴】

森田健司（もりた けんじ）

1974 年、兵庫県神戸市生まれ。京都大学経済学部卒業。京都大学大学院人間・環境学研究科博士後期課程単位取得退学。博士（人間・環境学）。現在、大阪学院大学経済学部教授。専門は社会思想史。特に、江戸時代の庶民文化・思想の研究に注力している。著書に、『山本七平と「仕事の思想」』（PHP研究所）、『奇妙な瓦版の世界』（青幻舎）、『江戸暮らしの内側』（中公新書ラクレ）、『明治維新 偽りの革命』（河出文庫）、『なぜ名経営者は石田梅岩に学ぶのか？』（ディスカヴァー・トゥエンティワン）、『石田梅岩―峻厳なる町人道徳家の孤影』（かもがわ出版）などがある。

石門心学と近代―思想史学からの近接―

二〇一二年五月一一日第一版一刷発行
二〇一三年九月 五 日第一版三刷発行

著　者―森田健司
発行者―森口恵美子
発行所―八千代出版株式会社
〒一〇一-〇〇六一 東京都千代田区神田三崎町二-二-一三
TEL 〇三-三二六二-〇四二〇
FAX 〇三-三二三七-〇七二三
振　替 〇〇一九〇-四-一六八〇六〇
印刷所―東西インテリジェントプランニング
製本所―渡邉製本
*定価はカバーに表示してあります。
*落丁・乱丁本はお取替えいたします。

ISBN978-4-8429-1576-0